T&P BOOKS

I0177301

# ARABISCH

## WORTSCHATZ

# DEUTSCH
# ARABISCH

Die nützlichsten Wörter
Zur Erweiterung Ihres Wortschatzes und
Verbesserung der Sprachfertigkeit

## 3000 Wörter

# Wortschatz Deutsch-Arabisch für das Selbststudium - 3000 Wörter
Von Andrey Taranov

T&P Books Vokabelbücher sind dafür vorgesehen, beim Lernen einer Fremdsprache zu helfen, Wörter zu memorieren und zu wiederholen. Das Wörterbuch ist nach Themen aufgeteilt und deckt alle wichtigen Bereiche des täglichen Lebens, Berufs, Wissenschaft, Kultur etc. ab.

Durch das Benutzen der themenbezogenen T&P Books ergeben sich folgende Vorteile für den Lernprozess:

- Sachgemäß geordnete Informationen bestimmen den späteren Erfolg auf den darauffolgenden Stufen der Memorisierung
- Die Verfügbarkeit von Wörtern, die sich aus der gleichen Wurzel ableiten lassen, erlaubt die Memorisierung von Worteinheiten (mehr als bei einzeln stehenden Wörtern)
- Kleine Worteinheiten unterstützen den Aufbauprozess von assoziativen Verbindungen für die Festigung des Wortschatzes
- Die Kenntnis der Sprache kann aufgrund der Anzahl der gelernten Wörter eingeschätzt werden

T&P Books Publishing
www.tpbooks.com

ISBN: 978-1-78716-766-7

Dieses Buch ist auch im E-Book Format erhältlich.
Besuchen Sie uns auch auf www.tpbooks.com oder auf einer der bedeutenden Buchhandlungen online.

# WORTSCHATZ DEUTSCH-ARABISCH
## für das Selbststudium

Die Vokabelbücher von T&P Books sind dafür vorgesehen, Ihnen beim Lernen einer Fremdsprache zu helfen, Wörter zu memorieren und zu wiederholen. Der Wortschatz enthält über 3000 häufig gebrauchte, thematisch geordnete Wörter.

- Der Wortschatz enthält die am häufigsten benutzten Wörter
- Eignet sich als Ergänzung zu jedem Sprachkurs
- Erfüllt die Bedürfnisse von Anfängern und fortgeschrittenen Lernenden von Fremdsprachen
- Praktisch für den täglichen Gebrauch, zur Wiederholung und um sich selbst zu testen
- Ermöglicht es, Ihren Wortschatz einzuschätzen

**Besondere Merkmale des Wortschatzes:**

- Wörter sind entsprechend ihrer Bedeutung und nicht alphabetisch organisiert
- Wörter werden in drei Spalten präsentiert, um das Wiederholen und den Selbstüberprüfungsprozess zu erleichtern
- Wortgruppen werden in kleinere Einheiten aufgespalten, um den Lernprozess zu fördern
- Der Wortschatz bietet eine praktische und einfache Lautschrift jedes Wortes der Fremdsprache

**Der Wortschatz hat 101 Themen, einschließlich:**

Grundbegriffe, Zahlen, Farben, Monate, Jahreszeiten, Maßeinheiten, Kleidung und Accessoires, Essen und Ernährung, Restaurant, Familienangehörige, Verwandte, Charaktereigenschaften, Empfindungen, Gefühle, Krankheiten, Großstadt, Kleinstadt, Sehenswürdigkeiten, Einkaufen, Geld, Haus, Zuhause, Büro, Import & Export, Marketing, Arbeitssuche, Sport, Ausbildung, Computer, Internet, Werkzeug, Natur, Länder, Nationalitäten und vieles mehr...

# INHALT

# LEITFADEN FÜR DIE AUSSPRACHE

| T&P phonetisches Alphabet | Arabisch Beispiel | Deutsch Beispiel |
|---|---|---|
| [a] | طفَى [ṭaffa] | schwarz |
| [ā] | إختار [iχtār] | Zahlwort |
| [e] | هامبورجر [hamburger] | Pferde |
| [i] | زفاف [zifāf] | ihr, finden |
| [ī] | أبريل [abrīl] | Wieviel |
| [u] | كلكتا [kalkutta] | kurz |
| [ū] | جاموس [ʒāmūs] | über |
| | | |
| [b] | بداية [bidāya] | Brille |
| [d] | سعادة [sa'āda] | Detektiv |
| [ḍ] | وضع [waḍ'] | pharyngalisiert [d] |
| [ʒ] | الأرجنتين [arʒantīn] | Regisseur |
| [ð] | تذكار [tiðkār] | Motherboard |
| [ẓ] | ظهر [ẓahar] | pharyngalisiert [z] |
| [f] | خفيف [χafīf] | fünf |
| [g] | جولف [gūlf] | gelb |
| [h] | إتّجاه [ittiʒāh] | brauchbar |
| [ḥ] | أحبّ [aḥabb] | pharyngalisiert [h] |
| [y] | ذهبيّ [ðahabiy] | Jacke |
| [k] | كرسيّ [kursiy] | Kalender |
| [l] | لمح [lamaḥ] | Juli |
| [m] | مرصد [marṣad] | Mitte |
| [n] | جنوب [ʒanūb] | Vorhang |
| [p] | كابتشينو [kaputʃīnu] | Polizei |
| [q] | وثق [waθiq] | Kobra |
| [r] | روح [rūḥ] | richtig |
| [s] | سفريّة [suχriyya] | sein |
| [ṣ] | معصم [mi'ṣam] | pharyngalisiert [s] |
| [ʃ] | عشاء [ʾaʃā'] | Chance |
| [t] | تنّوب [tannūb] | still |
| [ṭ] | خريطة [χarīṭa] | pharyngalisiert [t] |
| [θ] | ماموث [mamūθ] | stimmloser th-Laut |
| [v] | فيتنام [vitnām] | November |
| [w] | ودّع [wadda'] | schwanger |
| [χ] | بخيل [baχīl] | billig |
| [ɣ] | تغدّى [taɣadda] | Vogel (Berlinerisch) |
| [z] | ماعز [mā'iz] | sein |
| ['] (ayn) | سبعة [sab'a] | stimmhafte pharyngale Frikativ |
| ['] (hamza) | سأل [sa'al] | Glottisschlag |

# ABKÜRZUNGEN
## die im Vokabular verwendet werden

## Arabisch. Abkürzungen

| | | |
|---|---|---|
| du | - | Plural-Nomen-(doppelt) |
| f | - | Femininum |
| m | - | Maskulinum |
| pl | - | Plural |

## Deutsch. Abkürzungen

| | | |
|---|---|---|
| Adj | - | Adjektiv |
| Adv | - | Adverb |
| Amtsspr. | - | Amtssprache |
| f | - | Femininum |
| f, n | - | Femininum, Neutrum |
| Fem. | - | Femininum |
| m | - | Maskulinum |
| m, f | - | Maskulinum, Femininum |
| m, n | - | Maskulinum, Neutrum |
| Mask. | - | Maskulinum |
| n | - | Neutrum |
| pl | - | Plural |
| Sg. | - | Singular |
| ugs. | - | umgangssprachlich |
| unzähl. | - | unzählbar |
| usw. | - | und so weiter |
| v mod | - | Modalverb |
| vi | - | intransitives Verb |
| vi, vt | - | intransitives, transitives Verb |
| vt | - | transitives Verb |
| zähl. | - | zählbar |
| z.B. | - | zum Beispiel |

# GRUNDBEGRIFFE

## 1. Pronomen

| | | |
|---|---|---|
| ich | ana | أنا |
| du (Mask.) | anta | أنتَ |
| du (Fem.) | anti | أنتِ |
| er | huwa | هو |
| sie | hiya | هي |
| | | |
| wir | naḥnu | نحن |
| ihr | antum | أنتم |
| sie | hum | هم |

## 2. Grüße. Begrüßungen

| | | |
|---|---|---|
| Hallo! (Amtsspr.) | as salāmu 'alaykum! | السلام عليكم! |
| Guten Morgen! | ṣabāḥ al ḵayr! | صباح الخير! |
| Guten Tag! | nahārak saʻīd! | نهارك سعيد! |
| Guten Abend! | masā' al ḵayr! | مساء الخير! |
| | | |
| grüßen (vi, vt) | sallam | سلّم |
| Hallo! (ugs.) | salām! | سلام! |
| Gruß (m) | salām (m) | سلام |
| begrüßen (vt) | sallam 'ala | سلّم على |
| Wie geht's? | kayfa ḥāluka? | كيف حالك؟ |
| Was gibt es Neues? | ma aḵbārak? | ما أخبارك؟ |
| | | |
| Auf Wiedersehen! | ma' as salāma! | مع السلامة! |
| Bis bald! | ilal liqā'! | إلى اللقاء! |
| Lebe wohl! Leben Sie wohl! | ma' as salāma! | مع السلامة! |
| sich verabschieden | wadda' | ودّع |
| Tschüs! | bay bay! | باي باي! |
| | | |
| Danke! | ʃukran! | شكرًا! |
| Dankeschön! | ʃukran ʒazīlan! | شكرًا جزيلًا! |
| Bitte (Antwort) | 'afwan | عفوا |
| Keine Ursache. | la ʃukr 'ala wāʒib | لا شكر على واجب |
| Nichts zu danken. | al 'afw | العفو |
| | | |
| Entschuldige! | 'an iðnak! | عن أذنك! |
| Entschuldigung! | 'afwan! | عفوًا! |
| entschuldigen (vt) | 'aðar | عذر |
| | | |
| sich entschuldigen | i'taðar | إعتذر |
| Verzeihung! | ana 'āsif | أنا آسف |
| Es tut mir leid! | la tu'āḵiðni! | لا تؤاخذني! |
| verzeihen (vt) | 'afa | عفا |

| bitte (Die Rechnung, ~!) | min faḍlak | من فضلك |
| Nicht vergessen! | la tansa! | لا تنس! |
| Natürlich! | ṭab'an! | طبعًا! |
| Natürlich nicht! | abadan! | أبدًا! |
| Gut! Okay! | ittafaqna! | إتفقنا! |
| Es ist genug! | kifāya! | كفاية! |

## 3. Fragen

| Wer? | man? | من؟ |
| Was? | māða? | ماذا؟ |
| Wo? | ayna? | أين؟ |
| Wohin? | ila ayna? | إلى أين؟ |
| Woher? | min ayna? | من أين؟ |
| Wann? | mata? | متى؟ |
| Wozu? | li māða? | لماذا؟ |
| Warum? | li māða? | لماذا؟ |

| Wofür? | li māða? | لماذا؟ |
| Wie? | kayfa? | كيف؟ |
| Welcher? | ay? | أي؟ |

| Wem? | li man? | لمن؟ |
| Über wen? | 'amman? | عمن؟ |
| Wovon? (~ sprichst du?) | 'amma? | عمَّ؟ |
| Mit wem? | ma' man? | مع من؟ |
| Wie viel? Wie viele? | kam? | كم؟ |
| Wessen? | li man? | لمن؟ |

## 4. Präpositionen

| mit (Frau ~ Katzen) | ma' | مع |
| ohne (~ Dich) | bi dūn | بدون |
| nach (~ London) | ila | إلى |
| über (~ Geschäfte sprechen) | 'an | عن |
| vor (z.B. ~ acht Uhr) | qabl | قبل |
| vor (z.B. ~ dem Haus) | amām | أمام |

| unter (~ dem Schirm) | taḥt | تحت |
| über (~ dem Meeresspiegel) | fawq | فوق |
| auf (~ dem Tisch) | 'ala | على |
| aus (z.B. ~ München) | min | من |
| aus (z.B. ~ Porzellan) | min | من |
| in (~ zwei Tagen) | ba'd | بعد |
| über (~ zaun) | 'abr | عبر |

## 5. Funktionswörter. Adverbien. Teil 1

| Wo? | ayna? | أين؟ |
| hier | huna | هنا |

| dort | hunāk | هناك |
| irgendwo | fi makānin ma | في مكان ما |
| nirgends | la fi ay makān | لا في أي مكان |

| an (bei) | bi ʒānib | بجانب |
| am Fenster | bi ʒānib aʃ ʃubbāk | بجانب الشبّاك |

| Wohin? | ila ayna? | إلى أين؟ |
| hierher | huna | هنا |
| dahin | hunāk | هناك |
| von hier | min huna | من هنا |
| von da | min hunāk | من هناك |

| nah (Adv) | qarīban | قريبًا |
| weit, fern (Adv) | baʕīdan | بعيدًا |

| in der Nähe von ... | ʕind | عند |
| in der Nähe | qarīban | قريبًا |
| unweit (~ unseres Hotels) | ɣayr baʕīd | غير بعيد |

| link (Adj) | al yasār | اليسار |
| links (Adv) | ʕalaʃ ʃimāl | على الشمال |
| nach links | ilaʃ ʃimāl | إلى الشمال |

| recht (Adj) | al yamīn | اليمين |
| rechts (Adv) | ʕalal yamīn | على اليمين |
| nach rechts | Ilal yamīn | إلى اليمين |

| vorne (Adv) | min al amām | من الأمام |
| Vorder- | amāmiy | أماميّ |
| vorwärts | ilal amām | إلى الأمام |

| hinten (Adv) | warāʾ | وراء |
| von hinten | min al warāʾ | من الوراء |
| rückwärts (Adv) | ilal warāʾ | إلى الوراء |

| Mitte (f) | wasaṭ (m) | وسط |
| in der Mitte | fil wasat | في الوسط |

| seitlich (Adv) | bi ʒānib | بجانب |
| überall (Adv) | fi kull makān | في كل مكان |
| ringsherum (Adv) | ḥawl | حول |

| von innen (Adv) | min ad dāχil | من الداخل |
| irgendwohin (Adv) | ila ayy makān | إلى أيّ مكان |
| geradeaus (Adv) | bi aqsar ṭarīq | بأقصر طريق |
| zurück (Adv) | ʾiyāban | إيابًا |

| irgendwoher (Adv) | min ayy makān | من أي مكان |
| von irgendwo (Adv) | min makānin ma | من مكان ما |

| erstens | awwalan | أوّلًا |
| zweitens | θāniyan | ثانيًا |
| drittens | θāliθan | ثالثًا |
| plötzlich (Adv) | faʒʾa | فجأة |
| zuerst (Adv) | fil bidāya | في البداية |

| zum ersten Mal | li 'awwal marra | لأوَل مرّة |
| lange vor... | qabl ... bi mudda ṭawīla | قبل...بمدّة طويلة |
| von Anfang an | min ӡadīd | من جديد |
| für immer | ilal abad | إلى الأبد |

| nie (Adv) | abadan | أبدًا |
| wieder (Adv) | min ӡadīd | من جديد |
| jetzt (Adv) | al 'ān | الآن |
| oft (Adv) | kaθīran | كثيرًا |
| damals (Adv) | fi ðalika al waqt | في ذلك الوقت |
| dringend (Adv) | 'āӡilan | عاجلًا |
| gewöhnlich (Adv) | kal 'āda | كالعادة |

| übrigens, ... | 'ala fikra ... | على فكرة... |
| möglicherweise (Adv) | min al mumkin | من الممكن |
| wahrscheinlich (Adv) | la'alla | لعلَّ |
| vielleicht (Adv) | min al mumkin | من الممكن |
| außerdem ... | bil iḍāfa ila ðalik ... | بالإضافة إلى... |
| deshalb ... | li ðalik | لذلك |
| trotz ... | bir raχm min ... | بالرغم من... |
| dank ... | bi faḍl ... | بفضل... |

| was (~ ist denn?) | allaði | الذي |
| das (~ ist alles) | anna | أنَ |
| etwas | ʃay' (m) | شيء |
| irgendwas | ʃay' (m) | شيء |
| nichts | la ʃay' | لا شيء |

| wer (~ ist ~?) | allaði | الذي |
| jemand | aḥad | أحد |
| irgendwer | aḥad | أحد |

| niemand | la aḥad | لا أحد |
| nirgends | la ila ay makān | لا إلى أي مكان |
| niemandes (~ Eigentum) | la yaχuṣṣ aḥad | لا يخص أحدًا |
| jemandes | li aḥad | لأحد |

| so (derart) | hakaða | هكذا |
| auch | kaðalika | كذلك |
| ebenfalls | ayḍan | أيضًا |

## 6. Funktionswörter. Adverbien. Teil 2

| Warum? | li māða? | لماذا؟ |
| aus irgendeinem Grund | li sababin ma | لسبب ما |
| weil ... | li'anna ... | لأنَ... |
| zu irgendeinem Zweck | li amr mā | لأمر ما |

| und | wa | و |
| oder | aw | أو |
| aber | lakin | لكن |
| für (präp) | li | لـ |
| zu (~ viele) | kaθīran ӡiddan | كثير جدًا |
| nur (~ einmal) | faqaṭ | فقط |

13

| | | |
|---|---|---|
| genau (Adv) | biḍ ḍabṭ | بالضبط |
| etwa | naḥw | نحو |

| | | |
|---|---|---|
| ungefähr (Adv) | taqrīban | تقريبًا |
| ungefähr (Adj) | taqrībiy | تقريبي |
| fast | taqrīban | تقريبًا |
| Übrige (n) | al bāqi (m) | الباقي |

| | | |
|---|---|---|
| jeder (~ Mann) | kull | كلّ |
| beliebig (Adj) | ayy | أيّ |
| viel | kaθīr | كثير |
| viele Menschen | kaθīr min an nās | كثير من الناس |
| alle (wir ~) | kull an nās | كل الناس |

| | | |
|---|---|---|
| im Austausch gegen ... | muqābil ... | مقابل... |
| dafür (Adv) | muqābil | مقابل |
| mit der Hand (Hand-) | bil yad | باليد |
| schwerlich (Adv) | hayhāt | هيهات |

| | | |
|---|---|---|
| wahrscheinlich (Adv) | la'alla | لعلّ |
| absichtlich (Adv) | qaṣdan | قصدا |
| zufällig (Adv) | ṣudfa | صدفة |

| | | |
|---|---|---|
| sehr (Adv) | ʒiddan | جدًا |
| zum Beispiel | maθalan | مثلًا |
| zwischen | bayn | بين |
| unter (Wir sind ~ Mördern) | bayn | بين |
| so viele (~ Ideen) | haðihi al kammiyya | هذه الكمية |
| besonders (Adv) | χāṣṣa | خاصّة |

# ZAHLEN. VERSCHIEDENES

## 7. Grundzahlen. Teil 1

| | | |
|---|---|---|
| null | ṣifr | صفر |
| eins | wāḥid | واحد |
| eine | wāḥida | واحدة |
| zwei | iθnān | إثنان |
| drei | θalāθa | ثلاثة |
| vier | arba'a | أربعة |

| | | |
|---|---|---|
| fünf | χamsa | خمسة |
| sechs | sitta | ستّة |
| sieben | sab'a | سبعة |
| acht | θamāniya | ثمانية |
| neun | tis'a | تسعة |

| | | |
|---|---|---|
| zehn | 'aʃara | عشرة |
| elf | aḥad 'aʃar | أحد عشر |
| zwölf | iθnā 'aʃar | إثنا عشر |
| dreizehn | θalāθat 'aʃar | ثلاثة عشر |
| vierzehn | arba'at 'aʃar | أربعة عشر |

| | | |
|---|---|---|
| fünfzehn | χamsat 'aʃar | خمسة عشر |
| sechzehn | sittat 'aʃar | ستّة عشر |
| siebzehn | sab'at 'aʃar | سبعة عشر |
| achtzehn | θamāniyat 'aʃar | ثمانية عشر |
| neunzehn | tis'at 'aʃar | تسعة عشر |

| | | |
|---|---|---|
| zwanzig | 'iʃrūn | عشرون |
| einundzwanzig | wāḥid wa 'iʃrūn | واحد وعشرون |
| zweiundzwanzig | iθnān wa 'iʃrūn | إثنان وعشرون |
| dreiundzwanzig | θalāθa wa 'iʃrūn | ثلاثة وعشرون |

| | | |
|---|---|---|
| dreißig | θalāθīn | ثلاثون |
| einunddreißig | wāḥid wa θalāθūn | واحد وثلاثون |
| zweiunddreißig | iθnān wa θalāθūn | إثنان وثلاثون |
| dreiunddreißig | θalāθa wa θalāθūn | ثلاثة وثلاثون |

| | | |
|---|---|---|
| vierzig | arba'ūn | أربعون |
| einundvierzig | wāḥid wa arba'ūn | واحد وأربعون |
| zweiundvierzig | iθnān wa arba'ūn | إثنان وأربعون |
| dreiundvierzig | θalāθa wa arba'ūn | ثلاثة وأربعون |

| | | |
|---|---|---|
| fünfzig | χamsūn | خمسون |
| einundfünfzig | wāḥid wa χamsūn | واحد وخمسون |
| zweiundfünfzig | iθnān wa χamsūn | إثنان وخمسون |
| dreiundfünfzig | θalāθa wa χamsūn | ثلاثة وخمسون |
| sechzig | sittūn | ستّون |
| einundsechzig | wāḥid wa sittūn | واحد وستّون |

| | | |
|---|---|---|
| zweiundsechzig | iθnān wa sittūn | إثنان وستّون |
| dreiundsechzig | θalāθa wa sittūn | ثلاثة وستّون |
| | | |
| siebzig | sab'ūn | سبعون |
| einundsiebzig | wāḥid wa sab'ūn | واحد وسبعون |
| zweiundsiebzig | iθnān wa sab'ūn | إثنان وسبعون |
| dreiundsiebzig | θalāθa wa sab'ūn | ثلاثة وسبعون |
| | | |
| achtzig | θamānūn | ثمانون |
| einundachtzig | wāḥid wa θamānūn | واحد وثمانون |
| zweiundachtzig | iθnān wa θamānūn | إثنان وثمانون |
| dreiundachtzig | θalāθa wa θamānūn | ثلاثة وثمانون |
| | | |
| neunzig | tis'ūn | تسعون |
| einundneunzig | wāḥid wa tis'ūn | واحد وتسعون |
| zweiundneunzig | iθnān wa tis'ūn | إثنان وتسعون |
| dreiundneunzig | θalāθa wa tis'ūn | ثلاثة وتسعون |

## 8. Grundzahlen. Teil 2

| | | |
|---|---|---|
| einhundert | mi'a | مائة |
| zweihundert | mi'atān | مائتان |
| dreihundert | θalāθumi'a | ثلاثمائة |
| vierhundert | rub'umi'a | أربعمائة |
| fünfhundert | χamsumi'a | خمسمائة |
| | | |
| sechshundert | sittumi'a | ستّمائة |
| siebenhundert | sab'umi'a | سبعمائة |
| achthundert | θamānimi'a | ثمانمائة |
| neunhundert | tis'umi'a | تسعمائة |
| | | |
| eintausend | alf | ألف |
| zweitausend | alfān | ألفان |
| dreitausend | θalāθat 'ālāf | ثلاثة آلاف |
| zehntausend | 'aʃarat 'ālāf | عشرة آلاف |
| hunderttausend | mi'at alf | مائة ألف |
| Million (f) | milyūn (m) | مليون |
| Milliarde (f) | milyār (m) | مليار |

## 9. Ordnungszahlen

| | | |
|---|---|---|
| der erste | awwal | أوّل |
| der zweite | θāni | ثان |
| der dritte | θāliθ | ثالث |
| der vierte | rābi' | رابع |
| der fünfte | χāmis | خامس |
| | | |
| der sechste | sādis | سادس |
| der siebte | sābi' | سابع |
| der achte | θāmin | ثامن |
| der neunte | tāsi' | تاسع |
| der zehnte | 'āʃir | عاشر |

# FARBEN. MAßEINHEITEN

## 10. Farben

| Deutsch | Umschrift | Arabisch |
|---|---|---|
| Farbe (f) | lawn (m) | لون |
| Schattierung (f) | daraʒat al lawn (m) | درجة اللون |
| Farbton (m) | ṣabɣit lūn (f) | لون |
| Regenbogen (m) | qaws quzaḥ (m) | قوس قزح |
| weiß | abyaḍ | أبيض |
| schwarz | aswad | أسود |
| grau | ramādiy | رمادي |
| grün | aχḍar | أخضر |
| gelb | aṣfar | أصفر |
| rot | aḥmar | أحمر |
| blau | azraq | أزرق |
| hellblau | azraq fātiḥ | أزرق فاتح |
| rosa | wardiy | وردي |
| orange | burtuqāliy | برتقالي |
| violett | banafsaʒiy | بنفسجي |
| braun | bunniy | بني |
| golden | ðahabiy | ذهبي |
| silbrig | fiḍḍiy | فضي |
| beige | bɛ:ʒ | بيج |
| cremefarben | ‘āʒiy | عاجي |
| türkis | fayrūziy | فيروزي |
| kirschrot | karaziy | كرزي |
| lila | laylakiy | ليلكي |
| himbeerrot | qirmiziy | قرمزي |
| hell | fātiḥ | فاتح |
| dunkel | ɣāmiq | غامق |
| grell | zāhi | زاه |
| Farb- (z.B. -stifte) | mulawwan | ملوّن |
| Farb- (z.B. -film) | mulawwan | ملوّن |
| schwarz-weiß | abyaḍ wa aswad | أبيض وأسود |
| einfarbig | waḥīd al lawn, sāda | وحيد اللون، سادة |
| bunt | muta‘addid al alwān | متعدّد الألوان |

## 11. Maßeinheiten

| Deutsch | Umschrift | Arabisch |
|---|---|---|
| Gewicht (n) | wazn (m) | وزن |
| Länge (f) | ṭūl (m) | طول |

| Deutsch | Arabisch (Umschrift) | عربي |
|---|---|---|
| Breite (f) | 'arḍ (m) | عرض |
| Höhe (f) | irtifāʻ (m) | إرتفاع |
| Tiefe (f) | ʻumq (m) | عمق |
| Volumen (n) | ḥaʒm (m) | حجم |
| Fläche (f) | misāḥa (f) | مساحة |

| | | |
|---|---|---|
| Gramm (n) | grām (m) | جرام |
| Milligramm (n) | milliɣrām (m) | مليغرام |
| Kilo (n) | kiluɣrām (m) | كيلوغرام |
| Tonne (f) | ṭunn (m) | طنّ |
| Pfund (n) | raṭl (m) | رطل |
| Unze (f) | ūnṣa (f) | أونصة |

| | | |
|---|---|---|
| Meter (m) | mitr (m) | متر |
| Millimeter (m) | millimitr (m) | مليمتر |
| Zentimeter (m) | santimitr (m) | سنتيمتر |
| Kilometer (m) | kilumitr (m) | كيلومتر |
| Meile (f) | mīl (m) | ميل |

| | | |
|---|---|---|
| Zoll (m) | būṣa (f) | بوصة |
| Fuß (m) | qadam (f) | قدم |
| Yard (n) | yārda (f) | ياردة |

| | | |
|---|---|---|
| Quadratmeter (m) | mitr murabbaʻ (m) | متر مربّع |
| Hektar (n) | hiktār (m) | هكتار |

| | | |
|---|---|---|
| Liter (m) | litr (m) | لتر |
| Grad (m) | daraʒa (f) | درجة |
| Volt (n) | vūlt (m) | فولت |
| Ampere (n) | ambīr (m) | أمبير |
| Pferdestärke (f) | ḥiṣān (m) | حصان |

| | | |
|---|---|---|
| Anzahl (f) | kammiyya (f) | كمّيّة |
| etwas … | qalīl … | قليل... |
| Hälfte (f) | niṣf (m) | نصف |
| Dutzend (n) | iθnā ʻaʃar (f) | إثنا عشر |
| Stück (n) | waḥda (f) | وحدة |

| | | |
|---|---|---|
| Größe (f) | ḥaʒm (m) | حجم |
| Maßstab (m) | miqyās (m) | مقياس |

| | | |
|---|---|---|
| minimal (Adj) | al adna | الأدنى |
| der kleinste | al aṣɣar | الأصغر |
| mittler, mittel- | mutawassiṭ | متوسّط |
| maximal (Adj) | al aqṣa | الأقصى |
| der größte | al akbar | الأكبر |

## 12. Behälter

| | | |
|---|---|---|
| Glas (Einmachglas) | barṭamān (m) | برطمان |
| Dose (z.B. Bierdose) | tanaka (f) | تنكة |
| Eimer (m) | ʒardal (m) | جردل |
| Fass (n), Tonne (f) | barmīl (m) | برميل |
| Waschschüssel (n) | ḥawḍ lil ɣasīl (m) | حوض للغسيل |

| | | |
|---|---|---|
| Tank (m) | xazzān (m) | خزّان |
| Flachmann (m) | zamzamiyya (f) | زمزميّة |
| Kanister (m) | ʒirikan (m) | جركن |
| Zisterne (f) | xazzān (m) | خزّان |

| | | |
|---|---|---|
| Kaffeebecher (m) | māgg (m) | ماج |
| Tasse (f) | finʒān (m) | فنجان |
| Untertasse (f) | ṭabaq finʒān (m) | طبق فنجان |
| Wasserglas (n) | kubbāya (f) | كبّاية |
| Weinglas (n) | ka's (f) | كأس |
| Kochtopf (m) | kassirūlla (f) | كاسرولة |

| | | |
|---|---|---|
| Flasche (f) | zuʒāʒa (f) | زجاجة |
| Flaschenhals (m) | 'unq (m) | عنق |

| | | |
|---|---|---|
| Karaffe (f) | dawraq zuʒāʒiy (m) | دورق زجاجيّ |
| Tonkrug (m) | ibrīq (m) | إبريق |
| Gefäß (n) | inā' (m) | إناء |
| Tontopf (m) | aṣīṣ (m) | أصيص |
| Vase (f) | vāza (f) | فازة |

| | | |
|---|---|---|
| Flakon (n) | zuʒāʒa (f) | زجاجة |
| Fläschchen (n) | zuʒāʒa (f) | زجاجة |
| Tube (z.B. Zahnpasta) | umbūba (f) | أنبوبة |

| | | |
|---|---|---|
| Sack (~ Kartoffeln) | kīs (m) | كيس |
| Tüte (z.B. Plastiktüte) | kīs (m) | كيس |
| Schachtel (f) (z.B. Zigaretten~) | 'ulba (f) | علبة |

| | | |
|---|---|---|
| Karton (z.B. Schuhkarton) | 'ulba (f) | علبة |
| Kiste (z.B. Bananenkiste) | ṣundū' (m) | صندوق |
| Korb (m) | salla (f) | سلّة |

# DIE WICHTIGSTEN VERBEN

## 13. Die wichtigsten Verben. Teil 1

| | | |
|---|---|---|
| abbiegen (nach links ~) | in'aṭaf | إنعطف |
| abschicken (vt) | arsal | أرسل |
| ändern (vt) | ɣayyar | غيّر |
| andeuten (vt) | a'ṭa talmīḥ | أعطى تلميحًا |
| Angst haben | χāf | خاف |

| | | |
|---|---|---|
| ankommen (vi) | waṣal | وصل |
| antworten (vi) | aȝāb | أجاب |
| arbeiten (vi) | 'amal | عمل |
| auf ... zählen | i'tamad 'ala ... | إعتمد على... |
| aufbewahren (vt) | ḥafaẓ | حفظ |

| | | |
|---|---|---|
| aufschreiben (vt) | katab | كتب |
| ausgehen (vi) | χaraȝ | خرج |
| aussprechen (vt) | naṭaq | نطق |
| bedauern (vt) | nadim | ندم |
| bedeuten (vt) | 'ana | عنى |
| beenden (vt) | atamm | أتمّ |

| | | |
|---|---|---|
| befehlen (Milit.) | amar | أمر |
| befreien (Stadt usw.) | ḥarrar | حرّر |
| beginnen (vt) | bada' | بدأ |
| bemerken (vt) | lāḥaẓ | لاحظ |
| beobachten (vt) | rāqab | راقب |

| | | |
|---|---|---|
| berühren (vt) | lamas | لمس |
| besitzen (vt) | malak | ملك |
| besprechen (vt) | nāqaʃ | ناقش |
| bestehen auf | aṣarr | أصرّ |
| bestellen (im Restaurant) | ṭalab | طلب |

| | | |
|---|---|---|
| bestrafen (vt) | 'āqab | عاقب |
| beten (vi) | ṣalla | صلّى |
| bitten (vt) | ṭalab | طلب |
| brechen (vt) | kasar | كسر |
| denken (vi, vt) | ẓann | ظنّ |

| | | |
|---|---|---|
| drohen (vi) | haddad | هدّد |
| Durst haben | arād an yaʃrab | أراد أن يشرب |
| einladen (vt) | da'a | دعا |
| einstellen (vt) | tawaqqaf | توقّف |
| einwenden (vt) | i'taraḍ | إعترض |
| empfehlen (vt) | naṣaḥ | نصح |

| | | |
|---|---|---|
| erklären (vt) | ʃaraḥ | شرح |
| erlauben (vt) | raχχaṣ | رخّص |

| ermorden (vt) | qatal | قتل |
| erwähnen (vt) | ðakar | ذكر |
| existieren (vi) | kān mawʒūd | كان موجودا |

## 14. Die wichtigsten Verben. Teil 2

| fallen (vi) | saqaṭ | سقط |
| fallen lassen | awqaʿ | أوقع |
| fangen (vt) | amsak | أمسك |
| finden (vt) | waʒad | وجد |
| fliegen (vi) | ṭār | طار |

| folgen (Folge mir!) | tabaʿ | تبع |
| fortsetzen (vt) | istamarr | إستمر |
| fragen (vt) | sa'al | سأل |
| frühstücken (vi) | afṭar | أفطر |
| geben (vt) | a'ṭa | أعطى |

| gefallen (vi) | a'ʒab | أعجب |
| gehen (zu Fuß gehen) | maʃa | مشى |
| gehören (vi) | xaṣṣ | خص |
| graben (vt) | ḥafar | حفر |

| haben (vt) | malak | ملك |
| helfen (vi) | sā'ad | ساعد |
| herabsteigen (vi) | nazil | نزل |
| hereinkommen (vi) | daxal | دخل |

| hoffen (vi) | tamanna | تمنى |
| hören (vt) | samiʿ | سمع |
| hungrig sein | arād an ya'kul | أراد أن يأكل |
| informieren (vt) | axbar | أخبر |
| jagen (vi) | iṣṭād | إصطاد |

| kennen (vt) | 'araf | عرف |
| klagen (vi) | ʃaka | شكا |
| können (v mod) | istaṭāʿ | إستطاع |
| kontrollieren (vt) | taḥakkam | تحكم |
| kosten (vt) | kallaf | كلف |

| kränken (vt) | ahān | أهان |
| lächeln (vi) | ibtasam | إبتسم |
| lachen (vi) | ḍaḥik | ضحك |
| laufen (vi) | ʒara | جرى |
| leiten (Betrieb usw.) | adār | أدار |

| lernen (vt) | daras | درس |
| lesen (vi, vt) | qara' | قرأ |
| lieben (vt) | aḥabb | أحب |
| machen (vt) | 'amal | عمل |

| mieten (Haus usw.) | ista'ʒar | إستأجر |
| nehmen (vt) | axað | أخذ |
| noch einmal sagen | karrar | كرر |

| nötig sein | kān maṭlūb | كان مطلوبا |
| öffnen (vt) | fataḥ | فتح |

## 15. Die wichtigsten Verben. Teil 3

| planen (vt) | χaṭṭaṭ | خطّط |
| prahlen (vi) | tabāha | تباهى |
| raten (vt) | naṣaḥ | نصح |
| rechnen (vt) | ʻadd | عدّ |
| reservieren (vt) | ḥaʒaz | حجز |

| retten (vt) | anqað | أنقذ |
| richtig raten (vt) | χamman | خمّن |
| rufen (um Hilfe ~) | istayāθ | إستغاث |
| sagen (vt) | qāl | قال |
| schaffen (Etwas Neues zu ~) | χalaq | خلق |

| schelten (vt) | wabbaχ | وبّخ |
| schießen (vi) | aṭlaq an nār | أطلق النار |
| schmücken (vt) | zayyan | زيّن |
| schreiben (vi, vt) | katab | كتب |
| schreien (vi) | ṣaraχ | صرخ |

| schweigen (vi) | sakat | سكت |
| schwimmen (vi) | sabaḥ | سبح |
| schwimmen gehen | sabaḥ | سبح |
| sehen (vi, vt) | raʼa | رأى |

| sein (vi) | kān | كان |
| sich beeilen | istaʻʒal | إستعجل |
| sich entschuldigen | iʻtaðar | إعتذر |

| sich interessieren | ihtamm | إهتمّ |
| sich irren | aχtaʼ | أخطأ |
| sich setzen | ʒalas | جلس |
| sich weigern | rafaḍ | رفض |
| spielen (vi, vt) | laʻib | لعب |

| sprechen (vi) | takallam | تكلّم |
| staunen (vi) | indahaʃ | إندهش |
| stehlen (vt) | saraq | سرق |
| stoppen (vt) | waqaf | وقف |
| suchen (vt) | baḥaθ | بحث |

## 16. Die wichtigsten Verben. Teil 4

| täuschen (vt) | χadaʻ | خدع |
| teilnehmen (vi) | iʃtarak | إشترك |
| übersetzen (Buch usw.) | tarʒam | ترجم |
| unterschätzen (vt) | istaχaff | إستخفّ |
| unterschreiben (vt) | waqqaʻ | وقّع |
| vereinigen (vt) | waḥḥad | وحّد |

| | | |
|---|---|---|
| vergessen (vt) | nasiy | نسي |
| vergleichen (vt) | qāran | قارن |
| verkaufen (vt) | bāʻ | باع |
| verlangen (vt) | ṭālib | طالب |
| | | |
| versäumen (vt) | ɣāb | غاب |
| versprechen (vt) | waʻad | وعد |
| verstecken (vt) | xabaʼ | خبأ |
| verstehen (vt) | fahim | فهم |
| versuchen (vt) | ḥāwal | حاول |
| | | |
| verteidigen (vt) | dāfaʻ | دافع |
| vertrauen (vi) | waθiq | وثق |
| verwechseln (vt) | ixtalaṭ | إختلط |
| verzeihen (vt) | ʻafa | عفا |
| voraussehen (vt) | tanabbaʼ | تنبأ |
| | | |
| vorschlagen (vt) | iqtaraḥ | إقترح |
| vorziehen (vt) | faḍḍal | فضّل |
| wählen (vt) | ixtār | إختار |
| warnen (vt) | ḥaððar | حذّر |
| warten (vi) | intazar | إنتظر |
| weinen (vi) | baka | بكى |
| | | |
| wissen (vt) | ʻaraf | عرف |
| Witz machen | mazaḥ | مزح |
| wollen (vt) | arād | أراد |
| zahlen (vt) | dafaʻ | دفع |
| zeigen (jemandem etwas) | ʻaraḍ | عرض |
| | | |
| zu Abend essen | taʻaʃʃa | تعشّى |
| zu Mittag essen | taɣadda | تغدّى |
| zubereiten (vt) | ḥaḍḍar | حضّر |
| zustimmen (vi) | ittafaq | إتفق |
| zweifeln (vi) | ʃakk fi | شكّ في |

# ZEIT. KALENDER

## 17. Wochentage

| | | |
|---|---|---|
| Montag (m) | yawm al iθnayn (m) | يوم الإثنين |
| Dienstag (m) | yawm aθ θulāθā' (m) | يوم الثلاثاء |
| Mittwoch (m) | yawm al arbi'ā' (m) | يوم الأربعاء |
| Donnerstag (m) | yawm al χamīs (m) | يوم الخميس |
| Freitag (m) | yawm al ʒum'a (m) | يوم الجمعة |
| Samstag (m) | yawm as sabt (m) | يوم السبت |
| Sonntag (m) | yawm al aḥad (m) | يوم الأحد |
| | | |
| heute | al yawm | اليوم |
| morgen | χadan | غداً |
| übermorgen | ba'd χad | بعد غد |
| gestern | ams | أمس |
| vorgestern | awwal ams | أوّل أمس |
| | | |
| Tag (m) | yawm (m) | يوم |
| Arbeitstag (m) | yawm 'amal (m) | يوم عمل |
| Feiertag (m) | yawm al 'uṭla ar rasmiyya (m) | يوم العطلة الرسمية |
| freier Tag (m) | yawm 'uṭla (m) | يوم عطلة |
| Wochenende (n) | ayyām al 'uṭla (pl) | أيام العطلة |
| | | |
| den ganzen Tag | ṭūl al yawm | طول اليوم |
| am nächsten Tag | fil yawm at tāli | في اليوم التالي |
| zwei Tage vorher | min yawmayn | قبل يومين |
| am Vortag | fil yawm as sābiq | في اليوم السابق |
| täglich (Adj) | yawmiy | يومي |
| täglich (Adv) | yawmiyyan | يومياً |
| | | |
| Woche (f) | usbū' (m) | أسبوع |
| letzte Woche | fil isbū' al māḍi | في الأسبوع الماضي |
| nächste Woche | fil isbū' al qādim | في الأسبوع القادم |
| wöchentlich (Adj) | usbū'iy | أسبوعي |
| wöchentlich (Adv) | usbū'iyyan | أسبوعياً |
| zweimal pro Woche | marratayn fil usbū' | مرّتين في الأسبوع |
| jeden Dienstag | kull yawm aθ θulaθā' | كل يوم الثلاثاء |

## 18. Stunden. Tag und Nacht

| | | |
|---|---|---|
| Morgen (m) | ṣabāḥ (m) | صباح |
| morgens | fiṣ ṣabāḥ | في الصباح |
| Mittag (m) | ẓuhr (m) | ظهر |
| nachmittags | ba'd aẓ ẓuhr | بعد الظهر |
| | | |
| Abend (m) | masā' (m) | مساء |
| abends | fil masā' | في المساء |

| Nacht (f) | layl (m) | ليل |
| nachts | bil layl | بالليل |
| Mitternacht (f) | muntaṣif al layl (m) | منتصف الليل |

| Sekunde (f) | θāniya (f) | ثانية |
| Minute (f) | daqīqa (f) | دقيقة |
| Stunde (f) | sā'a (f) | ساعة |
| eine halbe Stunde | niṣf sā'a (m) | نصف ساعة |
| Viertelstunde (f) | rub' sā'a (f) | ربع ساعة |
| fünfzehn Minuten | xamsat 'aʃar daqīqa | خمس عشرة دقيقة |
| Tag und Nacht | yawm kāmil (m) | يوم كامل |

| Sonnenaufgang (m) | ʃurūq aʃʃams (m) | شروق الشمس |
| Morgendämmerung (f) | faʒr (m) | فجر |
| früher Morgen (m) | ṣabāḥ bākir (m) | صباح باكر |
| Sonnenuntergang (m) | ɣurūb aʃʃams (m) | غروب الشمس |

| früh am Morgen | fis ṣabāḥ al bākir | في الصباح الباكر |
| heute Morgen | al yawm fiṣ ṣabāḥ | اليوم في الصباح |
| morgen früh | ɣadan fiṣ ṣabāḥ | غدًا في الصباح |

| heute Mittag | al yawm ba'd aẓ ẓuhr | اليوم بعد الظهر |
| nachmittags | ba'd aẓ ẓuhr | بعد الظهر |
| morgen Nachmittag | ɣadan ba'd aẓ ẓuhr | غدًا بعد الظهر |

| heute Abend | al yawm fil masā' | اليوم في المساء |
| morgen Abend | ɣadan fil masā' | غدًا في المساء |

| Punkt drei Uhr | fis sā'a aθ θāliθa tamāman | في الساعة الثالثة تماما |
| gegen vier Uhr | fis sā'a ar rābi'a taqrīban | في الساعة الرابعة تقريبا |
| um zwölf Uhr | ḥattas sā'a aθ θāniya 'aʃara | حتى الساعة الثانية عشرة |
| in zwanzig Minuten | ba'd 'iʃrīn daqīqa | بعد عشرين دقيقة |
| in einer Stunde | ba'd sā'a | بعد ساعة |
| rechtzeitig (Adv) | fi maw'idih | في موعده |

| Viertel vor ... | illa rub' | إلا ربع |
| innerhalb einer Stunde | ṭiwāl sā'a | طوال الساعة |
| alle fünfzehn Minuten | kull rub' sā'a | كل ربع ساعة |
| Tag und Nacht | layl nahār | ليل نهار |

## 19. Monate. Jahreszeiten

| Januar (m) | yanāyir (m) | يناير |
| Februar (m) | fibrāyir (m) | فبراير |
| März (m) | māris (m) | مارس |
| April (m) | abrīl (m) | أبريل |
| Mai (m) | māyu (m) | مايو |
| Juni (m) | yūnyu (m) | يونيو |

| Juli (m) | yūlyu (m) | يوليو |
| August (m) | aɣusṭus (m) | أغسطس |
| September (m) | sibtambar (m) | سبتمبر |
| Oktober (m) | uktūbir (m) | أكتوبر |
| November (m) | nuvimbar (m) | نوفمبر |

| Dezember (m) | disimbar (m) | ديسمبر |
|---|---|---|
| Frühling (m) | rabī' (m) | ربيع |
| im Frühling | fir rabī' | في الربيع |
| Frühlings- | rabī'iy | ربيعي |

| Sommer (m) | ṣayf (m) | صيف |
|---|---|---|
| im Sommer | fiṣ ṣayf | في الصيف |
| Sommer- | ṣayfiy | صيفي |

| Herbst (m) | χarīf (m) | خريف |
|---|---|---|
| im Herbst | fil χarīf | في الخريف |
| Herbst- | χarīfiy | خريفي |

| Winter (m) | ʃitāʾ (m) | شتاء |
|---|---|---|
| im Winter | fiʃ ʃitāʾ | في الشتاء |
| Winter- | ʃitawiy | شتويّ |

| Monat (m) | ʃahr (m) | شهر |
|---|---|---|
| in diesem Monat | fi haða aʃ ʃahr | في هذا الشهر |
| nächsten Monat | fiʃ ʃahr al qādim | في الشهر القادم |
| letzten Monat | fiʃ ʃahr al māḍi | في الشهر الماضي |

| vor einem Monat | qabl ʃahr | قبل شهر |
|---|---|---|
| über eine Monat | ba'd ʃahr | بعد شهر |
| in zwei Monaten | ba'd ʃahrayn | بعد شهرين |
| den ganzen Monat | ʃahr kāmil | شهر كامل |

| monatlich (Adj) | ʃahriy | شهريّ |
|---|---|---|
| monatlich (Adv) | kull ʃahr | كل شهر |
| jeden Monat | kull ʃahr | كل شهر |
| zweimal pro Monat | marratayn fiʃ ʃahr | مرّتين في الشهر |

| Jahr (n) | sana (f) | سنة |
|---|---|---|
| dieses Jahr | fi haðihi as sana | في هذه السنة |
| nächstes Jahr | fis sana al qādima | في السنة القادمة |
| voriges Jahr | fis sana al māḍiya | في السنة الماضية |

| vor einem Jahr | qabla sana | قبل سنة |
|---|---|---|
| in einem Jahr | ba'd sana | بعد سنة |
| in zwei Jahren | ba'd sanatayn | بعد سنتين |
| das ganze Jahr | sana kāmila | سنة كاملة |

| jedes Jahr | kull sana | كل سنة |
|---|---|---|
| jährlich (Adj) | sanawiy | سنويّ |

| jährlich (Adv) | kull sana | كل سنة |
|---|---|---|
| viermal pro Jahr | arba' marrāt fis sana | أربع مرّات في السنة |

| Datum (heutige ~) | tarīχ (m) | تاريخ |
|---|---|---|
| Datum (Geburts-) | tarīχ (m) | تاريخ |
| Kalender (m) | taqwīm (m) | تقويم |

| ein halbes Jahr | niṣf sana (m) | نصف سنة |
|---|---|---|
| Halbjahr (n) | niṣf sana (m) | نصف سنة |
| Saison (f) | faṣl (m) | فصل |
| Jahrhundert (n) | qarn (m) | قرن |

# REISEN. HOTEL

## 20. Ausflug. Reisen

| | | |
|---|---|---|
| Tourismus (m) | siyāḥa (f) | سياحة |
| Tourist (m) | sā'iḥ (m) | سائح |
| Reise (f) | riḥla (f) | رحلة |
| Abenteuer (n) | muɣāmara (f) | مغامرة |
| Fahrt (f) | riḥla (f) | رحلة |

| | | |
|---|---|---|
| Urlaub (m) | ʿuṭla (f) | عطلة |
| auf Urlaub sein | 'indahu ʿuṭla | عنده عطلة |
| Erholung (f) | istirāḥa (f) | إستراحة |

| | | |
|---|---|---|
| Zug (m) | qiṭār (m) | قطار |
| mit dem Zug | bil qiṭār | بالقطار |
| Flugzeug (n) | ṭā'ira (f) | طائرة |
| mit dem Flugzeug | biṭ ṭā'ira | بالطائرة |
| mit dem Auto | bis sayyāra | بالسيّارة |
| mit dem Schiff | bis safīna | بالسفينة |

| | | |
|---|---|---|
| Gepäck (n) | aʃʃunaṭ (pl) | الشنط |
| Koffer (m) | ḥaqībat safar (f) | حقيبة سفر |
| Gepäckwagen (m) | 'arabat ʃunaṭ (f) | عربة شنط |

| | | |
|---|---|---|
| Pass (m) | ʒawāz as safar (m) | جواز السفر |
| Visum (n) | ta'ʃīra (f) | تأشيرة |
| Fahrkarte (f) | taðkira (f) | تذكرة |
| Flugticket (n) | taðkirat ṭā'ira (f) | تذكرة طائرة |

| | | |
|---|---|---|
| Reiseführer (m) | dalīl (m) | دليل |
| Landkarte (f) | χarīṭa (f) | خريطة |
| Gegend (f) | mintaqa (f) | منطقة |
| Ort (wunderbarer ~) | makān (m) | مكان |

| | | |
|---|---|---|
| Exotika (pl) | ɣarāba (f) | غرابة |
| exotisch | ɣarīb | غريب |
| erstaunlich (Adj) | mudhiʃ | مدهش |

| | | |
|---|---|---|
| Gruppe (f) | maʒmūʿa (f) | مجموعة |
| Ausflug (m) | ʒawla (f) | جولة |
| Reiseleiter (m) | murʃid (m) | مرشد |

## 21. Hotel

| | | |
|---|---|---|
| Hotel (n) | funduq (m) | فندق |
| Motel (n) | mutīl (m) | موتيل |
| drei Sterne | θalāθat nuʒūm | ثلاثة نجوم |

| fünf Sterne | χamsat nuʒūm | خمسة نجوم |
| absteigen (vi) | nazal | نزل |

| Hotelzimmer (n) | ɣurfa (f) | غرفة |
| Einzelzimmer (n) | ɣurfa li ʃaχṣ wāḥid (f) | غرفة لشخص واحد |
| Zweibettzimmer (n) | ɣurfa li ʃaχṣayn (f) | غرفة لشخصين |
| reservieren (vt) | ḥaʒaz ɣurfa | حجز غرفة |

| Halbpension (f) | waʒbitān fil yawm (du) | وجبتان في اليوم |
| Vollpension (f) | θalāθ waʒabāt fil yawm | ثلاث وجبات في اليوم |

| mit Bad | bi ḥawḍ al istiḥmām | بحوض الإستحمام |
| mit Dusche | bid duʃ | بالدوش |
| Satellitenfernsehen (n) | tilivizyūn faḍā'iy (m) | تلفزيون فضائي |
| Klimaanlage (f) | takyīf (m) | تكييف |
| Handtuch (n) | fūṭa (f) | فوطة |
| Schlüssel (m) | miftāḥ (m) | مفتاح |

| Verwalter (m) | mudīr (m) | مدير |
| Zimmermädchen (n) | 'āmilat tanẓīf ɣuraf (f) | عاملة تنظيف غرف |
| Träger (m) | ḥammāl (m) | حمّال |
| Portier (m) | bawwāb (m) | بوّاب |

| Restaurant (n) | maṭ'am (m) | مطعم |
| Bar (f) | bār (m) | بار |
| Frühstück (n) | fuṭūr (m) | فطور |
| Abendessen (n) | 'aʃā' (m) | عشاء |
| Buffet (n) | bufīh (m) | بوفيه |

| Foyer (n) | radha (f) | ردهة |
| Aufzug (m), Fahrstuhl (m) | miṣ'ad (m) | مصعد |

| BITTE NICHT STÖREN! | ar raʒā' 'adam al iz'āʒ | الرجاء عدم الإزعاج |
| RAUCHEN VERBOTEN! | mamnū' at tadχīn | ممنوع التدخين |

## 22. Sehenswürdigkeiten

| Denkmal (n) | timθāl (m) | تمثال |
| Festung (f) | qal'a (f), ḥiṣn (m) | قلعة، حصن |
| Palast (m) | qaṣr (m) | قصر |
| Schloss (n) | qal'a (f) | قلعة |
| Turm (m) | burʒ (m) | برج |
| Mausoleum (n) | ḍarīḥ (m) | ضريح |

| Architektur (f) | handasa mi'māriyya (f) | هندسة معمارية |
| mittelalterlich | min al qurūn al wusṭa | من القرون الوسطى |
| alt (antik) | qadīm | قديم |
| national | waṭaniy | وطني |
| berühmt | maʃhūr | مشهور |

| Tourist (m) | sā'iḥ (m) | سائح |
| Fremdenführer (m) | murʃid (m) | مرشد |
| Ausflug (m) | ʒawla (f) | جولة |
| zeigen (vt) | 'araḍ | عرض |

| erzählen (vt) | haddaθ | حدّث |
|---|---|---|
| finden (vt) | waӡad | وجد |
| sich verlieren | ḍāʻ | ضاع |
| Karte (U-Bahn ~) | χarīṭa (f) | خريطة |
| Karte (Stadt-) | χarīṭa (f) | خريطة |

| Souvenir (n) | tiðkār (m) | تذكار |
|---|---|---|
| Souvenirladen (m) | maḥall hadāya (m) | محلّ هدايا |
| fotografieren (vt) | ṣawwar | صوّر |
| sich fotografieren | taṣawwar | تصوّر |

# TRANSPORT

## 23. Flughafen

| | | |
|---|---|---|
| Flughafen (m) | maṭār (m) | مطار |
| Flugzeug (n) | ṭā'ira (f) | طائرة |
| Fluggesellschaft (f) | ʃarikat ṭayarān (f) | شركة طيران |
| Fluglotse (m) | marāqib al ḥaraka al ӡawwiyya (pl) | مراقب الحركة الجوية |

| | | |
|---|---|---|
| Abflug (m) | muɣādara (f) | مغادرة |
| Ankunft (f) | wuṣūl (m) | وصول |
| anfliegen (vi) | waṣal | وصل |

| | | |
|---|---|---|
| Abflugzeit (f) | waqt al muɣādara (m) | وقت المغادرة |
| Ankunftszeit (f) | waqt al wuṣūl (m) | وقت الوصول |

| | | |
|---|---|---|
| sich verspäten | ta'aχχar | تأخّر |
| Abflugverspätung (f) | ta'aχχur ar riḥla (m) | تأخّر الرحلة |

| | | |
|---|---|---|
| Anzeigetafel (f) | lawḥat al ma'lūmāt (f) | لوحة المعلومات |
| Information (f) | istiʿlāmāt (pl) | إستعلامات |
| ankündigen (vt) | a'lan | أعلن |
| Flug (m) | riḥla (f) | رحلة |

| | | |
|---|---|---|
| Zollamt (n) | ӡamārik (pl) | جمارك |
| Zollbeamter (m) | muwaẓẓaf al ӡamārik (m) | موظّف الجمارك |

| | | |
|---|---|---|
| Zolldeklaration (f) | taṣrīḥ ӡumrukiy (m) | تصريح جمركيّ |
| ausfüllen (vt) | mala' | ملأ |
| die Zollerklärung ausfüllen | mala' at taṣrīḥ | ملأ التصريح |
| Passkontrolle (f) | taftīʃ al ӡawāzāt (m) | تفتيش الجوازات |

| | | |
|---|---|---|
| Gepäck (n) | aʃ ʃunaṭ (pl) | الشنط |
| Handgepäck (n) | ʃunaṭ al yad (pl) | شنط اليد |
| Kofferkuli (m) | 'arabat ʃunaṭ (f) | عربة شنط |

| | | |
|---|---|---|
| Landung (f) | hubūṭ (m) | هبوط |
| Landebahn (f) | mamarr al hubūṭ (m) | ممرّ الهبوط |
| landen (vi) | habaṭ | هبط |
| Fluggasttreppe (f) | sullam aṭ ṭā'ira (m) | سلّم الطائرة |

| | | |
|---|---|---|
| Check-in (n) | tasӡīl (m) | تسجيل |
| Check-in-Schalter (m) | makān at tasӡīl (m) | مكان التسجيل |
| sich registrieren lassen | saӡӡal | سجّل |
| Bordkarte (f) | biṭāqat ṣuʿūd (f) | بطاقة صعود |
| Abfluggate (n) | bawwābat al muɣādara (f) | بوّابة المغادرة |

| | | |
|---|---|---|
| Transit (m) | tranzīt (m) | ترانزيت |
| warten (vi) | intazar | إنتظر |

| Wartesaal (m) | qā'at al muɣādara (f) | قاعة المغادرة |
| begleiten (vt) | wadda' | ودّع |
| sich verabschieden | wadda' | ودّع |

## 24. Flugzeug

| Flugzeug (n) | tā'ira (f) | طائرة |
| Flugticket (n) | taðkirat tā'ira (f) | تذكرة طائرة |
| Fluggesellschaft (f) | ſarikat tayarān (f) | شركة طيران |
| Flughafen (m) | matār (m) | مطار |
| Überschall- | xāriq liș șawt | خارق للصوت |

| Flugkapitän (m) | qā'id at tā'ira (m) | قائد الطائرة |
| Besatzung (f) | tāqim (m) | طاقم |
| Pilot (m) | tayyār (m) | طيّار |
| Flugbegleiterin (f) | muɗīfat tayarān (f) | مضيفة طيران |
| Steuermann (m) | mallāḥ (m) | ملّاح |

| Flügel (pl) | aȝniḥa (pl) | أجنحة |
| Schwanz (m) | ðayl (m) | ذيل |
| Kabine (f) | kabīna (f) | كابينة |
| Motor (m) | mutūr (m) | موتور |

| Fahrgestell (n) | 'aȝalāt al hubūț (pl) | عجلات الهبوط |
| Turbine (f) | turbīna (f) | تربينة |

| Propeller (m) | mirwaḥa (f) | مروحة |
| Flugschreiber (m) | musaȝȝil at tayarān (m) | مسجّل الطيران |

| Steuerrad (n) | 'aȝalat qiyāda (f) | عجلة قيادة |
| Treibstoff (m) | wuqūd (m) | وقود |

| Sicherheitskarte (f) | bitāqat as salāma (f) | بطاقة السلامة |
| Sauerstoffmaske (f) | qinā' uksiȝīn (m) | قناع أوكسيجين |
| Uniform (f) | libās muwaḥḥad (m) | لباس موحّد |

| Rettungsweste (f) | sutrat naȝāt (f) | سترة نجاة |
| Fallschirm (m) | miẓallat hubūț (f) | مظلّة هبوط |

| Abflug, Start (m) | iqlā' (m) | إقلاع |
| starten (vi) | aqla'at | أقلعت |
| Startbahn (f) | madraȝ at tā'irāt (m) | مدرج الطائرات |

| Sicht (f) | ru'ya (f) | رؤية |
| Flug (m) | tayarān (m) | طيران |

| Höhe (f) | irtifā' (m) | إرتفاع |
| Luftloch (n) | ȝayb hawā'iy (m) | جيب هوائيّ |

| Platz (m) | maq'ad (m) | مقعد |
| Kopfhörer (m) | sammā'āt ra'siya (pl) | سمّاعات رأسيّة |
| Klapptisch (m) | șīniyya qābila liț țayy (f) | صينية قابلة للطيّ |
| Bullauge (n) | ſubbāk at tā'ira (m) | شبّاك الطائرة |
| Durchgang (m) | mamarr (m) | ممرّ |

## 25. Zug

| Deutsch | Transkription | Arabisch |
|---|---|---|
| Zug (m) | qiṭār (m) | قطار |
| elektrischer Zug (m) | qiṭār (m) | قطار |
| Schnellzug (m) | qiṭār sarī' (m) | قطار سريع |
| Diesellok (f) | qāṭirat dīzil (f) | قاطرة ديزل |
| Dampflok (f) | qāṭira buχāriyya (f) | قاطرة بخارية |
| | | |
| Personenwagen (m) | 'araba (f) | عربة |
| Speisewagen (m) | 'arabat al maṭ'am (f) | عربة المطعم |
| | | |
| Schienen (pl) | quḍubān (pl) | قضبان |
| Eisenbahn (f) | sikka ḥadīdiyya (f) | سكّة حديديّة |
| Bahnschwelle (f) | 'āriḍa (f) | عارضة |
| | | |
| Bahnsteig (m) | raṣīf (m) | رصيف |
| Gleis (n) | χaṭṭ (m) | خطّ |
| Eisenbahnsignal (n) | simafūr (m) | سيمافور |
| Station (f) | maḥaṭṭa (f) | محطّة |
| | | |
| Lokomotivführer (m) | sā'iq (m) | سائق |
| Träger (m) | ḥammāl (m) | حمّال |
| Schaffner (m) | mas'ūl 'arabat al qiṭār (m) | مسؤول عربة القطار |
| Fahrgast (m) | rākib (m) | راكب |
| Fahrkartenkontrolleur (m) | kamsariy (m) | كمسريّ |
| | | |
| Flur (m) | mamarr (m) | ممرّ |
| Notbremse (f) | farāmil aṭ ṭawāri' (pl) | فرامل الطوارئ |
| | | |
| Abteil (n) | χurfa (f) | غرفة |
| Liegeplatz (m), Schlafkoje (f) | sarīr (m) | سرير |
| oberer Liegeplatz (m) | sarīr 'ulwiy (m) | سرير علويّ |
| unterer Liegeplatz (m) | sarīr sufliy (m) | سرير سفليّ |
| Bettwäsche (f) | aχṭiyat as sarīr (pl) | أغطية السرير |
| | | |
| Fahrkarte (f) | taðkira (f) | تذكرة |
| Fahrplan (m) | ʒadwal (m) | جدول |
| Anzeigetafel (f) | lawḥat ma'lūmāt (f) | لوحة معلومات |
| | | |
| abfahren (der Zug) | χādar | غادر |
| Abfahrt (f) | muχādara (f) | مغادرة |
| | | |
| ankommen (der Zug) | waṣal | وصل |
| Ankunft (f) | wuṣūl (m) | وصول |
| | | |
| mit dem Zug kommen | waṣal bil qiṭār | وصل بالقطار |
| in den Zug einsteigen | rakib al qiṭār | ركب القطار |
| aus dem Zug aussteigen | nazil min al qiṭār | نزل من القطار |
| | | |
| Zugunglück (n) | ḥiṭām qiṭār (m) | حطام قطار |
| entgleisen (vi) | χaraʒ 'an χaṭṭ sayrih | خرج عن خطّ سيره |
| Dampflok (f) | qāṭira buχāriyya (f) | قاطرة بخارية |
| Heizer (m) | 'aṭaʃʒiy (m) | عطشجيّ |
| Feuerbüchse (f) | furn al muḥarrik (m) | فرن المحرّك |
| Kohle (f) | faḥm (m) | فحم |

## 26. Schiff

| Deutsch | Transkription | العربية |
|---|---|---|
| Schiff (n) | safīna (f) | سفينة |
| Fahrzeug (n) | safīna (f) | سفينة |
| | | |
| Dampfer (m) | bāχira (f) | باخرة |
| Motorschiff (n) | bāχira nahriyya (f) | باخرة نهرية |
| Kreuzfahrtschiff (n) | bāχira siyaḥiyya (f) | باخرة سياحية |
| Kreuzer (m) | ṭarrād (m) | طرّاد |
| | | |
| Jacht (f) | yaχt (m) | يخت |
| Schlepper (m) | qāṭira (f) | قاطرة |
| Lastkahn (m) | ṣandal (m) | صندل |
| Fähre (f) | 'abbāra (f) | عبّارة |
| | | |
| Segelschiff (n) | safīna ʃirā'iyya (m) | سفينة شراعية |
| Brigantine (f) | markab ʃirā'iy (m) | مركب شراعي |
| | | |
| Eisbrecher (m) | muḥaṭṭimat ӡalīd (f) | محطمة جليد |
| U-Boot (n) | ɣawwāṣa (f) | غوّاصة |
| | | |
| Boot (n) | markab (m) | مركب |
| Dingi (n), Beiboot (n) | zawraq (m) | زورق |
| Rettungsboot (n) | qārib naӡāt (m) | قارب نجاة |
| Motorboot (n) | lanʃ (m) | لنش |
| | | |
| Kapitän (m) | qubṭān (m) | قبطان |
| Matrose (m) | baḥḥār (m) | بحّار |
| Seemann (m) | baḥḥār (m) | بحّار |
| Besatzung (f) | ṭāqim (m) | طاقم |
| | | |
| Bootsmann (m) | ra'īs al baḥḥāra (m) | رئيس البحّارة |
| Schiffsjunge (m) | ṣabiy as safīna (m) | صبي السفينة |
| Schiffskoch (m) | ṭabbāχ (m) | طبّاخ |
| Schiffsarzt (m) | ṭabīb as safīna (m) | طبيب السفينة |
| | | |
| Deck (n) | saṭḥ as safīna (m) | سطح السفينة |
| Mast (m) | sāriya (f) | سارية |
| Segel (n) | ʃirā' (m) | شراع |
| | | |
| Schiffsraum (m) | 'ambar (m) | عنبر |
| Bug (m) | muqaddama (f) | مقدّمة |
| Heck (n) | mu'aχirat as safīna (f) | مؤخّرة السفينة |
| Ruder (n) | miӡðāf (m) | مجذاف |
| Schraube (f) | mirwaḥa (f) | مروحة |
| | | |
| Kajüte (f) | kabīna (f) | كابينة |
| Messe (f) | ɣurfat al istirāḥa (f) | غرفة الإستراحة |
| Maschinenraum (m) | qism al 'ālāt (m) | قسم الآلات |
| Kommandobrücke (f) | burӡ al qiyāda (m) | برج القيادة |
| Funkraum (m) | ɣurfat al lāsilkiy (f) | غرفة اللاسلكيّ |
| Radiowelle (f) | mawӡa (f) | موجة |
| Schiffstagebuch (n) | siӡil as safīna (m) | سجل السفينة |
| Fernrohr (n) | minẓār (m) | منظار |
| Glocke (f) | ӡaras (m) | جرس |

| Fahne (f) | ʿalam (m) | علم |
| Seil (n) | ḥabl (m) | حبل |
| Knoten (m) | ʿuqda (f) | عقدة |

| Geländer (n) | drabizīn (m) | درابزين |
| Treppe (f) | sullam (m) | سلم |

| Anker (m) | mirsāt (f) | مرساة |
| den Anker lichten | rafaʿ mirsāt | رفع مرساة |
| Anker werfen | rasa | رسا |
| Ankerkette (f) | silsilat mirsāt (f) | سلسلة مرساة |

| Hafen (m) | mīnā' (m) | ميناء |
| Anlegestelle (f) | marsa (m) | مرسى |
| anlegen (vi) | rasa | رسا |
| abstoßen (vt) | aqlaʿ | أقلع |

| Reise (f) | riḥla (f) | رحلة |
| Kreuzfahrt (f) | riḥla baḥriyya (f) | رحلة بحرية |
| Kurs (m), Richtung (f) | masār (m) | مسار |
| Reiseroute (f) | ṭarīq (m) | طريق |

| Fahrwasser (n) | maʒra milāḥiy (m) | مجرى ملاحي |
| Untiefe (f) | miyāh ḍaḥla (f) | مياه ضحلة |
| stranden (vi) | ʒanaḥ | جنح |

| Sturm (m) | ʿāṣifa (f) | عاصفة |
| Signal (n) | iʃāra (f) | إشارة |
| untergehen (vi) | ɣariq | غرق |
| Mann über Bord! | saqaṭ raʒul min as safīna! | سقط رجل من السفينة! |
| SOS | nidā' iɣāθa (m) | نداء إغاثة |
| Rettungsring (m) | ṭawq naʒāt (m) | طوق نجاة |

# STADT

## 27. Innerstädtischer Transport

| Bus (m) | bāṣ (m) | باص |
| Straßenbahn (f) | trām (m) | ترام |
| Obus (m) | truli bāṣ (m) | ترولي باص |
| Linie (f) | xaṭṭ (m) | خط |
| Nummer (f) | raqm (m) | رقم |

| mit … fahren | rakib … | ركب... |
| einsteigen (vi) | rakib | ركب |
| aussteigen (aus dem Bus) | nazil min | نزل من |

| Haltestelle (f) | mawqif (m) | موقف |
| nächste Haltestelle (f) | al maḥaṭṭa al qādima (f) | المحطة القادمة |
| Endhaltestelle (f) | āxir maḥaṭṭa (f) | آخر محطة |
| Fahrplan (m) | ʒadwal (m) | جدول |
| warten (vi, vt) | intazar | إنتظر |

| Fahrkarte (f) | taðkira (f) | تذكرة |
| Fahrpreis (m) | uʒra (f) | أجرة |

| Kassierer (m) | ṣarrāf (m) | صرّاف |
| Fahrkartenkontrolle (f) | taftīʃ taðkira (m) | تفتيش تذكرة |
| Fahrkartenkontrolleur (m) | mufattiʃ taðākir (m) | مفتّش تذاكر |

| sich verspäten | taʾaxxar | تأخّر |
| versäumen (Zug usw.) | taʾaxxar | تأخّر |
| sich beeilen | istaʒal | إستعجل |

| Taxi (n) | taksi (m) | تاكسي |
| Taxifahrer (m) | sāʾiq taksi (m) | سائق تاكسي |
| mit dem Taxi | bit taksi | بالتاكسي |
| Taxistand (m) | mawqif taksi (m) | موقف تاكسي |
| ein Taxi rufen | kallam tāksi | كلّم تاكسي |
| ein Taxi nehmen | axað taksi | أخذ تاكسي |

| Straßenverkehr (m) | ḥarakat al murūr (f) | حركة المرور |
| Stau (m) | zaḥmat al murūr (f) | زحمة المرور |
| Hauptverkehrszeit (f) | sāʾat að ðurwa (f) | ساعة الذروة |
| parken (vi) | awqaf | أوقف |
| parken (vt) | awqaf | أوقف |
| Parkplatz (m) | mawqif as sayyārāt (m) | موقف السيارات |

| U-Bahn (f) | mitru (m) | مترو |
| Station (f) | maḥaṭṭa (f) | محطة |
| mit der U-Bahn fahren | rakib al mitru | ركب المترو |
| Zug (m) | qiṭār (m) | قطار |
| Bahnhof (m) | maḥaṭṭat qiṭār (f) | محطة قطار |

## 28. Stadt. Leben in der Stadt

| Stadt (f) | madīna (f) | مدينة |
| Hauptstadt (f) | ʿāṣima (f) | عاصمة |
| Dorf (n) | qarya (f) | قرية |

| Stadtplan (m) | xarīṭat al madīna (f) | خريطة المدينة |
| Stadtzentrum (n) | markaz al madīna (m) | مركز المدينة |
| Vorort (m) | ḍāḥiya (f) | ضاحية |
| Vorort- | aḍ ḍawāḥi | الضواحي |

| Stadtrand (m) | aṭrāf al madīna (pl) | أطراف المدينة |
| Umgebung (f) | ḍawāḥi al madīna (pl) | ضواحي المدينة |
| Stadtviertel (n) | ḥayy (m) | حي |
| Wohnblock (m) | ḥayy sakaniy (m) | حي سكني |

| Straßenverkehr (m) | ḥarakat al murūr (f) | حركة المرور |
| Ampel (f) | iʃārāt al murūr (pl) | إشارات المرور |
| Stadtverkehr (m) | wasāʾil an naql (pl) | وسائل النقل |
| Straßenkreuzung (f) | taqāṭuʿ (m) | تقاطع |

| Übergang (m) | maʿbar al muʃāt (m) | معبر المشاة |
| Fußgängerunterführung (f) | nafaq muʃāt (m) | نفق مشاة |
| überqueren (vt) | ʿabar | عبر |
| Fußgänger (m) | māʃi (m) | ماش |
| Gehweg (m) | raṣīf (m) | رصيف |

| Brücke (f) | ʒisr (m) | جسر |
| Kai (m) | kurnīʃ (m) | كورنيش |
| Springbrunnen (m) | nāfūra (f) | نافورة |

| Allee (f) | mamʃa (m) | ممشى |
| Park (m) | ḥadīqa (f) | حديقة |
| Boulevard (m) | bulvār (m) | بولفار |
| Platz (m) | maydān (m) | ميدان |
| Avenue (f) | ʃāriʿ (m) | شارع |
| Straße (f) | ʃāriʿ (m) | شارع |
| Gasse (f) | zuqāq (m) | زقاق |
| Sackgasse (f) | ṭarīq masdūd (m) | طريق مسدود |

| Haus (n) | bayt (m) | بيت |
| Gebäude (n) | mabna (m) | مبنى |
| Wolkenkratzer (m) | nāṭiḥat saḥāb (f) | ناطحة سحاب |

| Fassade (f) | wāʒiha (f) | واجهة |
| Dach (n) | saqf (m) | سقف |
| Fenster (n) | ʃubbāk (m) | شبّاك |
| Bogen (m) | qaws (m) | قوس |
| Säule (f) | ʿamūd (m) | عمود |
| Ecke (f) | zāwiya (f) | زاوية |

| Schaufenster (n) | vatrīna (f) | فترينة |
| Firmenschild (n) | lāfita (f) | لافتة |
| Anschlag (m) | mulṣaq (m) | ملصق |
| Werbeposter (m) | mulṣaq iʿlāniy (m) | ملصق إعلاني |

| Werbeschild (n) | lawḥat i'lānāt (f) | لوحة إعلانات |
| Müll (m) | zubāla (f) | زبالة |
| Mülleimer (m) | ṣundūq zubāla (m) | صندوق زبالة |
| Abfall wegwerfen | rama zubāla | رمى زبالة |
| Mülldeponie (f) | mazbala (f) | مزبلة |

| Telefonzelle (f) | kuʃk tilifūn (m) | كشك تليفون |
| Straßenlaterne (f) | 'amūd al miṣbāḥ (m) | عمود المصباح |
| Bank (Park-) | dikka (f), kursiy (m) | دكّة, كرسي |

| Polizist (m) | ʃurṭiy (m) | شرطيّ |
| Polizei (f) | ʃurṭa (f) | شرطة |
| Bettler (m) | ʃaḥḥāð (m) | شحّاذ |
| Obdachlose (m) | mutaʃarrid (m) | متشرّد |

## 29. Innerstädtische Einrichtungen

| Laden (m) | maḥall (m) | محلّ |
| Apotheke (f) | ṣaydaliyya (f) | صيدليّة |
| Optik (f) | al adawāt al baṣariyya (pl) | الأدوات البصريّة |
| Einkaufszentrum (n) | markaz tiʒāriy (m) | مركز تجاريّ |
| Supermarkt (m) | subirmarkit (m) | سوبرماركت |

| Bäckerei (f) | maxbaz (m) | مخبز |
| Bäcker (m) | xabbāz (m) | خبّاز |
| Konditorei (f) | dukkān ḥalawāniy (m) | دكّان حلواني |
| Lebensmittelladen (m) | baqqāla (f) | بقّالة |
| Metzgerei (f) | malḥama (f) | ملحمة |

| Gemüseladen (m) | dukkān xuḍār (m) | دكّان خضار |
| Markt (m) | sūq (f) | سوق |

| Kaffeehaus (n) | kafé (m), maqha (m) | كافيه, مقهى |
| Restaurant (n) | maṭ'am (m) | مطعم |
| Bierstube (f) | ḥāna (f) | حانة |
| Pizzeria (f) | maṭ'am pizza (m) | مطعم بيتزا |

| Friseursalon (m) | ṣālūn ḥilāqa (m) | صالون حلاقة |
| Post (f) | maktab al barīd (m) | مكتب البريد |
| chemische Reinigung (f) | tanẓīf ʒāff (m) | تنظيف جافّ |
| Fotostudio (n) | istūdiyu taṣwīr (m) | إستوديو تصوير |

| Schuhgeschäft (n) | maḥall aḥðiya (m) | محلّ أحذية |
| Buchhandlung (f) | maḥall kutub (m) | محلّ كتب |
| Sportgeschäft (n) | maḥall riyāḍiy (m) | محلّ رياضيّ |

| Kleiderreparatur (f) | maḥall xiyāṭat malābis (m) | محلّ خياطة ملابس |
| Bekleidungsverleih (m) | maḥall ta'ʒīr malābis rasmiyya (m) | محلّ تأجير ملابس رسمية |
| Videothek (f) | maḥal ta'ʒīr vidiyu (m) | محلّ تأجير فيديو |

| Zirkus (m) | sirk (m) | سيرك |
| Zoo (m) | ḥadīqat al ḥayawān (f) | حديقة حيوان |
| Kino (n) | sinima (f) | سينما |

| Museum (n) | mathaf (m) | متحف |
| Bibliothek (f) | maktaba (f) | مكتبة |

| Theater (n) | masrah (m) | مسرح |
| Opernhaus (n) | ubra (f) | أوبرا |
| Nachtklub (m) | malha layliy (m) | ملهى ليليّ |
| Kasino (n) | kazinu (m) | كازينو |

| Moschee (f) | masʒid (m) | مسجد |
| Synagoge (f) | kanīs maʿbad yahūdiy (m) | كنيس معبد يهوديّ |
| Kathedrale (f) | katidrāʾiyya (f) | كاتدرائيّة |
| Tempel (m) | maʿbad (m) | معبد |
| Kirche (f) | kanīsa (f) | كنيسة |

| Institut (n) | kulliyya (m) | كليّة |
| Universität (f) | ʒāmiʿa (f) | جامعة |
| Schule (f) | madrasa (f) | مدرسة |

| Präfektur (f) | muqātaʿa (f) | مقاطعة |
| Rathaus (n) | baladiyya (f) | بلديّة |
| Hotel (n) | funduq (m) | فندق |
| Bank (f) | bank (m) | بنك |

| Botschaft (f) | safāra (f) | سفارة |
| Reisebüro (n) | ʃarikat siyāha (f) | شركة سياحة |
| Informationsbüro (n) | maktab al istiʿlāmāt (m) | مكتب الإستعلامات |
| Wechselstube (f) | sarrāfa (f) | صرّافة |

| U-Bahn (f) | mitru (m) | مترو |
| Krankenhaus (n) | mustaʃfa (m) | مستشفى |

| Tankstelle (f) | mahattat banzīn (f) | محطّة بنزين |
| Parkplatz (m) | mawqif as sayyārāt (m) | موقف السيّارات |

## 30. Schilder

| Firmenschild (n) | lāfita (f) | لافتة |
| Aufschrift (f) | bayān (m) | بيان |
| Plakat (n) | mulsaq iʿlāniy (m) | ملصق إعلانيّ |
| Wegweiser (m) | ʿalāmat ittiʒāh (f) | علامة إتّجاه |
| Pfeil (m) | ʿalāmat iʃāra (f) | علامة إشارة |

| Vorsicht (f) | tahðīr (m) | تحذير |
| Warnung (f) | lāfitat tahðīr (f) | لافتة تحذير |
| warnen (vt) | haððar | حذّر |

| freier Tag (m) | yawm ʿutla (m) | يوم عطلة |
| Fahrplan (m) | ʒadwal (m) | جدول |
| Öffnungszeiten (pl) | awqāt al ʿamal (pl) | أوقات العمل |

| HERZLICH WILLKOMMEN! | ahlan wa sahlan! | أهلًا وسهلًا |
| EINGANG | duxūl | دخول |
| AUSGANG | xurūʒ | خروج |
| DRÜCKEN | idfaʿ | إدفع |

| ZIEHEN | ishab | إسحب |
| GEÖFFNET | maftūḥ | مفتوح |
| GESCHLOSSEN | muɣlaq | مغلق |

| DAMEN, FRAUEN | lis sayyidāt | للسيدات |
| HERREN, MÄNNER | lir riȝāl | للرجال |

| AUSVERKAUF | xaṣm | خصم |
| REDUZIERT | taxfīḍāt | تخفيضات |
| NEU! | ȝadīd! | جديد! |
| GRATIS | maȝȝānan | مجّانًا |

| ACHTUNG! | intibāh! | إنتباه! |
| ZIMMER BELEGT | kull al amākin mahȝūza | كل الأماكن محجوزة |
| RESERVIERT | mahȝūz | محجوز |

| VERWALTUNG | idāra | إدارة |
| NUR FÜR PERSONAL | lil 'āmilīn faqaṭ | للعاملين فقط |

| VORSICHT BISSIGER HUND | ihðar wuȝūd al kalb | إحذر وجود الكلب |
| RAUCHEN VERBOTEN! | mamnū' at tadxīn | ممنوع التدخين |
| BITTE NICHT BERÜHREN | 'adam al lams | عدم اللمس |

| GEFÄHRLICH | xaṭīr | خطير |
| VORSICHT! | xaṭar | خطر |
| HOCHSPANNUNG | tayyār 'āli | تيّار عالي |
| BADEN VERBOTEN | as sibāḥa mamnū'a | السباحة ممنوعة |
| AUßER BETRIEB | mu'aṭṭal | معطّل |

| LEICHTENTZÜNDLICH | sarī' al iʃti'āl | سريع الإشتعال |
| VERBOTEN | mamnū' | ممنوع |
| DURCHGANG VERBOTEN | mamnū' al murūr | ممنوع المرور |
| FRISCH GESTRICHEN | ihðar ṭilā' ɣayr ȝāff | إحذر طلاء غير جاف |

## 31. Shopping

| kaufen (vt) | iʃtara | إشترى |
| Einkauf (m) | ʃay' (m) | شيء |
| einkaufen gehen | iʃtara | إشترى |
| Einkaufen (n) | ʃubinɣ (m) | شوبينغ |

| offen sein (Laden) | maftūḥ | مفتوح |
| zu sein | muɣlaq | مغلق |

| Schuhe (pl) | ahðiya (pl) | أحذية |
| Kleidung (f) | malābis (pl) | ملابس |
| Kosmetik (f) | mawādd at taȝmīl (pl) | مواد التجميل |
| Lebensmittel (pl) | ma'kūlāt (pl) | مأكولات |
| Geschenk (n) | hadiyya (f) | هديّة |

| Verkäufer (m) | bā'i' (m) | بائع |
| Verkäuferin (f) | bā'i'a (f) | بائعة |
| Kasse (f) | ṣundū' ad daf' (m) | صندوق الدفع |

| | | |
|---|---|---|
| Spiegel (m) | mir'āt (f) | مرآة |
| Ladentisch (m) | minḍada (f) | منضدة |
| Umkleidekabine (f) | ɣurfat al qiyās (f) | غرفة القياس |

| | | |
|---|---|---|
| anprobieren (vt) | ʒarrab | جرّب |
| passen (Schuhe, Kleid) | nāsab | ناسب |
| gefallen (vi) | a'ʒab | أعجب |

| | | |
|---|---|---|
| Preis (m) | si'r (m) | سعر |
| Preisschild (n) | tikit as si'r (m) | تيكت السعر |
| kosten (vt) | kallaf | كلّف |
| Wie viel? | bikam? | بكم؟ |
| Rabatt (m) | xaṣm (m) | خصم |

| | | |
|---|---|---|
| preiswert | ɣayr ɣāli | غير غال |
| billig | raxīṣ | رخيص |
| teuer | ɣāli | غال |
| Das ist teuer | haða ɣāli | هذا غال |

| | | |
|---|---|---|
| Verleih (m) | isti'ʒār (m) | إستئجار |
| leihen, mieten (ein Auto usw.) | ista'ʒar | إستأجر |
| Kredit (m), Darlehen (n) | i'timān (m) | إئتمان |
| auf Kredit | bid dayn | بالدين |

# KLEIDUNG & ACCESSOIRES

## 32. Oberbekleidung. Mäntel

| | | |
|---|---|---|
| Kleidung (f) | malābis (pl) | ملابس |
| Oberkleidung (f) | malābis fawqāniyya (pl) | ملابس فوقانيّة |
| Winterkleidung (f) | malābis ʃitawiyya (pl) | ملابس شتويّة |

| | | |
|---|---|---|
| Mantel (m) | miʿṭaf (m) | معطف |
| Pelzmantel (m) | miʿṭaf farw (m) | معطف فرو |
| Pelzjacke (f) | ʒākīt farw (m) | جاكيت فرو |
| Daunenjacke (f) | ḥaʃiyyat rīʃ (m) | حشية ريش |

| | | |
|---|---|---|
| Jacke (z.B. Lederjacke) | ʒākīt (m) | جاكيت |
| Regenmantel (m) | miʿṭaf lil maṭar (m) | معطف للمطر |
| wasserdicht | ṣāmid lil mā' | صامد للماء |

## 33. Herren- & Damenbekleidung

| | | |
|---|---|---|
| Hemd (n) | qamīṣ (m) | قميص |
| Hose (f) | banṭalūn (m) | بنطلون |
| Jeans (pl) | ʒīnz (m) | جينز |
| Jackett (n) | sutra (f) | سترة |
| Anzug (m) | badla (f) | بدلة |

| | | |
|---|---|---|
| Damenkleid (n) | fustān (m) | فستان |
| Rock (m) | tannūra (f) | تنّورة |
| Bluse (f) | blūza (f) | بلوزة |
| Strickjacke (f) | kardigān (m) | كارديجان |
| Jacke (Damen Kostüm) | ʒākīt (m) | جاكيت |

| | | |
|---|---|---|
| T-Shirt (n) | ti ʃirt (m) | تي شيرت |
| Shorts (pl) | ʃūrt (m) | شورت |
| Sportanzug (m) | badlat at tadrīb (f) | بدلة التدريب |
| Bademantel (m) | θawb ḥammām (m) | ثوب حمّام |
| Schlafanzug (m) | biʒāma (f) | بيجاما |

| | | |
|---|---|---|
| Sweater (m) | bulūvir (m) | بلوفر |
| Pullover (m) | bulūvir (m) | بلوفر |

| | | |
|---|---|---|
| Weste (f) | ṣudayriy (m) | صديريّ |
| Frack (m) | badlat sahra (f) | بدلة سهرة |
| Smoking (m) | smūkin (m) | سموكن |

| | | |
|---|---|---|
| Uniform (f) | zayy muwaḥḥad (m) | زي موحّد |
| Arbeitskleidung (f) | θiyāb al ʿamal (m) | ثياب العمل |
| Overall (m) | uvirūl (m) | اوفرول |
| Kittel (z.B. Arztkittel) | θawb (m) | ثوب |

41

## 34. Kleidung. Unterwäsche

| Unterwäsche (f) | malābis dāχiliyya (pl) | ملابس داخليّة |
| Herrenslip (m) | sirwāl dāχiliy riӡāliy (m) | سروال داخلي رجالي |
| Damenslip (m) | sirwāl dāχiliy nisā'iy (m) | سروال داخلي نسائي |
| Unterhemd (n) | qamīṣ bila aqmām (m) | قميص بلا أكمام |
| Socken (pl) | ӡawārib (pl) | جوارب |

| Nachthemd (n) | qamīṣ nawm (m) | قميص نوم |
| Büstenhalter (m) | ḥammālat ṣadr (f) | حمّالة صدر |
| Kniestrümpfe (pl) | ӡawārib ṭawīla (pl) | جوارب طويلة |
| Strumpfhose (f) | ӡawārib kulūn (pl) | جوارب كولون |
| Strümpfe (pl) | ӡawārib nisā'iyya (pl) | جوارب نسائية |
| Badeanzug (m) | libās sibāḥa (m) | لباس سباحة |

## 35. Kopfbekleidung

| Mütze (f) | qubba'a (f) | قبّعة |
| Filzhut (m) | burnayṭa (f) | برنيطة |
| Baseballkappe (f) | kāb baysbūl (m) | كاب بيسبول |
| Schiebermütze (f) | qubba'a musaṭṭaḥa (f) | قبّعة مسطحة |

| Baskenmütze (f) | birīh (m) | بيريه |
| Kapuze (f) | γiṭā' (m) | غطاء |
| Panamahut (m) | qubba'at banāma (f) | قبّعة بناما |
| Strickmütze (f) | qubbā'a maḥbūka (m) | قبّعة محبوكة |

| Kopftuch (n) | 'īʃārb (m) | إيشارب |
| Damenhut (m) | burnayṭa (f) | برنيطة |

| Schutzhelm (m) | χūða (f) | خوذة |
| Feldmütze (f) | kāb (m) | كاب |
| Helm (z.B. Motorradhelm) | χūða (f) | خوذة |

| Melone (f) | qubba'at dirbi (f) | قبّعة ديربي |
| Zylinder (m) | qubba'a 'āliya (f) | قبّعة عالية |

## 36. Schuhwerk

| Schuhe (pl) | aḥðiya (pl) | أحذية |
| Stiefeletten (pl) | ӡazma (f) | جزمة |
| Halbschuhe (pl) | ӡazma (f) | جزمة |
| Stiefel (pl) | būt (m) | بوت |
| Hausschuhe (pl) | ʃibʃib (m) | شبشب |

| Tennisschuhe (pl) | ḥiðā' riyāḍiy (m) | حذاء رياضيّ |
| Leinenschuhe (pl) | kutʃi (m) | كوتشي |
| Sandalen (pl) | ṣandal (pl) | صندل |

| Schuster (m) | iskāfiy (m) | إسكافيّ |
| Absatz (m) | ka'b (m) | كعب |

| Paar (n) | zawʒ (m) | زوج |
| Schnürsenkel (m) | ʃarīṭ (m) | شريط |
| schnüren (vt) | rabaṭ | ربط |
| Schuhlöffel (m) | labbāsat ḥiōāʾ (f) | لبّاسة حذاء |
| Schuhcreme (f) | warnīʃ al ḥiōāʾ (m) | ورنيش الحذاء |

## 37. Persönliche Accessoires

| Handschuhe (pl) | quffāz (m) | قفّاز |
| Fausthandschuhe (pl) | quffāz muɣlaq (m) | قفّاز مغلق |
| Schal (Kaschmir-) | ʧārb (m) | إيشارب |

| Brille (f) | nazẓāra (f) | نظّارة |
| Brillengestell (n) | iṭār (m) | إطار |
| Regenschirm (m) | ʃamsiyya (f) | شمسيّة |
| Spazierstock (m) | ʿaṣa (f) | عصا |
| Haarbürste (f) | furʃat ʃaʿr (f) | فرشة شعر |
| Fächer (m) | mirwaḥa yadawiyya (f) | مروحة يدويّة |

| Krawatte (f) | karavatta (f) | كرافتة |
| Fliege (f) | babyūn (m) | بيبون |
| Hosenträger (pl) | ḥammāla (f) | حمّالة |
| Taschentuch (n) | mandīl (m) | منديل |

| Kamm (m) | miʃṭ (m) | مشط |
| Haarspange (f) | dabbūs (m) | دبّوس |
| Haarnadel (f) | bansa (m) | بنسة |
| Schnalle (f) | bukla (f) | بكلة |

| Gürtel (m) | ḥizām (m) | حزام |
| Umhängegurt (m) | ḥammalat al katf (f) | حمّالة الكتف |

| Tasche (f) | ʃanṭa (f) | شنطة |
| Handtasche (f) | ʃanṭat yad (f) | شنطة يد |
| Rucksack (m) | ḥaqībat ẓahr (f) | حقيبة ظهر |

## 38. Kleidung. Verschiedenes

| Mode (f) | mūḍa (f) | موضة |
| modisch | fil mūḍa | في الموضة |
| Modedesigner (m) | muṣammim azyāʾ (m) | مصمّم أزياء |

| Kragen (m) | yāqa (f) | ياقة |
| Tasche (f) | ʒayb (m) | جيب |
| Taschen- | ʒayb | جيب |
| Ärmel (m) | kumm (m) | كمّ |
| Aufhänger (m) | ʿallāqa (f) | علّاقة |
| Hosenschlitz (m) | lisān (m) | لسان |

| Reißverschluss (m) | zimām munzaliq (m) | زمام منزلق |
| Verschluss (m) | miʃbak (m) | مشبك |
| Knopf (m) | zirr (m) | زرّ |

| Knopfloch (n) | 'urwa (f) | عروة |
| abgehen (Knopf usw.) | waqa' | وقع |

| nähen (vi, vt) | χāṭ | خاط |
| sticken (vt) | ṭarraz | طرّز |
| Stickerei (f) | taṭrīz (m) | تطريز |
| Nadel (f) | ibra (f) | إبرة |
| Faden (m) | χayṭ (m) | خيط |
| Naht (f) | darz (m) | درز |

| sich beschmutzen | tawassaχ | توسّخ |
| Fleck (m) | buq'a (f) | بقعة |
| sich knittern | takarmaʃ | تكرمش |
| zerreißen (vt) | qaṭṭa' | قطع |
| Motte (f) | 'uθθa (f) | عثة |

## 39. Kosmetikartikel. Kosmetik

| Zahnpasta (f) | ma'ʒūn asnān (m) | معجون أسنان |
| Zahnbürste (f) | furʃat asnān (f) | فرشة أسنان |
| Zähne putzen | nazzaf al asnān | نظّف الأسنان |

| Rasierer (m) | mūs ḥilāqa (m) | موس حلاقة |
| Rasiercreme (f) | krīm ḥilāqa (m) | كريم حلاقة |
| sich rasieren | ḥalaq | حلق |

| Seife (f) | ṣābūn (m) | صابون |
| Shampoo (n) | ʃāmbū (m) | شامبو |

| Schere (f) | maqaṣṣ (m) | مقصّ |
| Nagelfeile (f) | mibrad (m) | مبرد |
| Nagelzange (f) | milqaṭ (m) | ملقط |
| Pinzette (f) | milqaṭ (m) | ملقط |

| Kosmetik (f) | mawādd at taʒmīl (pl) | موادّ التجميل |
| Gesichtsmaske (f) | mask (m) | ماسك |
| Maniküre (f) | manikūr (m) | مانيكور |
| Maniküre machen | 'amal manikūr | عمل مانيكور |
| Pediküre (f) | badikīr (m) | باديكير |

| Kosmetiktasche (f) | ḥaqībat adawāt at taʒmīl (f) | حقيبة أدوات التجميل |
| Puder (m) | budrat waʒh (f) | بودرة وجه |
| Puderdose (f) | 'ulbat būdra (f) | علبة بودرة |
| Rouge (n) | aḥmar χudūd (m) | أحمر خدود |

| Parfüm (n) | 'iṭr (m) | عطر |
| Duftwasser (n) | kulūnya (f) | كولونيا |
| Lotion (f) | lusiyun (m) | لوسيون |
| Kölnischwasser (n) | kulūniya (f) | كولونيا |

| Lidschatten (m) | ay ʃaduw (m) | اي شادو |
| Kajalstift (m) | kuḥl al 'uyūn (m) | كحل العيون |
| Wimperntusche (f) | maskara (f) | ماسكارا |
| Lippenstift (m) | aḥmar ʃifāh (m) | أحمر شفاه |

| | | |
|---|---|---|
| Nagellack (m) | mulammi' al aẓāfir (m) | ملمّع الاظافر |
| Haarlack (m) | muθabbit aʃ ʃa'r (m) | مثبّت الشعر |
| Deodorant (n) | muzīl rawā'iḥ (m) | مزيل روائح |
| | | |
| Creme (f) | krīm (m) | كريم |
| Gesichtscreme (f) | krīm lil waʒh (m) | كريم للوجه |
| Handcreme (f) | krīm lil yadayn (m) | كريم لليدين |
| Anti-Falten-Creme (f) | krīm muḍādd lit taʒāʿīd (m) | كريم مضادّ للتجاعيد |
| Tagescreme (f) | krīm an nahār (m) | كريم النهار |
| Nachtcreme (f) | krīm al layl (m) | كريم الليل |
| Tages- | nahāriy | نهاري |
| Nacht- | layliy | ليلي |
| | | |
| Tampon (m) | tambūn (m) | تانبون |
| Toilettenpapier (n) | waraq ḥammām (m) | ورق حمّام |
| Föhn (m) | muʒaffif ʃa'r (m) | مجفّف شعر |

## 40. Armbanduhren Uhren

| | | |
|---|---|---|
| Armbanduhr (f) | sā'a (f) | ساعة |
| Zifferblatt (n) | waʒh as sā'a (m) | وجه الساعة |
| Zeiger (m) | 'aqrab as sā'a (m) | عقرب الساعة |
| Metallarmband (n) | siwār sā'a ma'daniyya (m) | سوار ساعة معدنية |
| Uhrenarmband (n) | siwār sā'a (m) | سوار ساعة |
| | | |
| Batterie (f) | baṭṭāriyya (f) | بطّاريّة |
| verbraucht sein | tafarraɣ | تفرّغ |
| die Batterie wechseln | ɣayyar al baṭṭāriyya | غيّر البطّاريّة |
| vorgehen (vi) | sabaq | سبق |
| nachgehen (vi) | ta'axxar | تأخّر |
| | | |
| Wanduhr (f) | sā'at ḥā'iṭ (f) | ساعة حائط |
| Sanduhr (f) | sā'a ramliyya (f) | ساعة رملية |
| Sonnenuhr (f) | sā'a ʃamsiyya (f) | ساعة شمسيّة |
| Wecker (m) | munabbih (m) | منبّه |
| Uhrmacher (m) | sa'ātiy (m) | ساعاتيّ |
| reparieren (vt) | aṣlaḥ | أصلح |

# ALLTAGSERFAHRUNG

## 41. Geld

| Deutsch | Transkription | العربية |
|---|---|---|
| Geld (n) | nuqūd (pl) | نقود |
| Austausch (m) | taḥwīl ʿumla (m) | تحويل عملة |
| Kurs (m) | siʿr aṣ ṣarf (m) | سعر الصرف |
| Geldautomat (m) | ṣarrāf ʾāliy (m) | صرّاف آليّ |
| Münze (f) | qiṭʿa naqdiyya (f) | قطعة نقديّة |
| | | |
| Dollar (m) | dulār (m) | دولار |
| Euro (m) | yuru (m) | يورو |
| | | |
| Lira (f) | lira iṭāliyya (f) | ليرة إيطالية |
| Mark (f) | mark almāniy (m) | مارك ألماني |
| Franken (m) | frank (m) | فرنك |
| Pfund Sterling (n) | ʒunayh istirlīniy (m) | جنيه استرلينيّ |
| Yen (m) | yīn (m) | ين |
| | | |
| Schulden (pl) | dayn (m) | دين |
| Schuldner (m) | mudīn (m) | مدين |
| leihen (vt) | sallaf | سلّف |
| leihen, borgen (Geld usw.) | istalaf | إستلف |
| | | |
| Bank (f) | bank (m) | بنك |
| Konto (n) | ḥisāb (m) | حساب |
| einzahlen (vt) | awdaʿ | أودع |
| auf ein Konto einzahlen | awdaʿ fil ḥisāb | أودع في الحساب |
| abheben (vt) | saḥab min al ḥisāb | سحب من الحساب |
| | | |
| Kreditkarte (f) | biṭāqat iʾtimān (f) | بطاقة إئتمان |
| Bargeld (n) | nuqūd (pl) | نقود |
| Scheck (m) | ʃīk (m) | شيك |
| einen Scheck schreiben | katab ʃīk | كتب شيكًا |
| Scheckbuch (n) | daftar ʃīkāt (m) | دفتر شيكات |
| | | |
| Geldtasche (f) | maḥfaẓat ʒīb (f) | محفظة جيب |
| Geldbeutel (m) | maḥfaẓat fakka (f) | محفظة فكّة |
| Safe (m) | xizāna (f) | خزانة |
| | | |
| Erbe (m) | wāris (m) | وارث |
| Erbschaft (f) | wirāθa (f) | وراثة |
| Vermögen (n) | θarwa (f) | ثروة |
| | | |
| Pacht (f) | ʾīʒār (m) | إيجار |
| Miete (f) | uʒrat as sakan (f) | أجرة السكن |
| mieten (vt) | istaʾʒar | إستأجر |
| | | |
| Preis (m) | siʿr (m) | سعر |
| Kosten (pl) | θaman (m) | ثمن |

| Summe (f) | mablaɣ (m) | مبلغ |
| ausgeben (vt) | ṣaraf | صرف |
| Ausgaben (pl) | maṣārīf (pl) | مصاريف |
| sparen (vt) | waffar | وفّر |
| sparsam | muwaffir | موفّر |

| zahlen (vt) | dafa' | دفع |
| Lohn (m) | daf' (m) | دفع |
| Wechselgeld (n) | al bāqi (m) | الباقي |

| Steuer (f) | ḍarība (f) | ضريبة |
| Geldstrafe (f) | ɣarāma (f) | غرامة |
| bestrafen (vt) | faraḍ ɣarāma | فرض غرامة |

## 42. Post. Postdienst

| Post (Postamt) | maktab al barīd (m) | مكتب البريد |
| Post (Postsendungen) | al barīd (m) | البريد |
| Briefträger (m) | sā'i al barīd (m) | ساعي البريد |
| Öffnungszeiten (pl) | awqāt al 'amal (pl) | أوقات العمل |

| Brief (m) | risāla (f) | رسالة |
| Einschreibebrief (m) | risāla musaʒʒala (f) | رسالة مسجّلة |
| Postkarte (f) | biṭāqa barīdiyya (f) | بطاقة بريديّة |
| Telegramm (n) | barqiyya (f) | برقيّة |
| Postpaket (n) | ṭard (m) | طرد |
| Geldanweisung (f) | ḥawāla māliyya (f) | حوالة ماليّة |

| bekommen (vt) | istalam | إستلم |
| abschicken (vt) | arsal | أرسل |
| Absendung (f) | irsāl (m) | إرسال |
| Postanschrift (f) | 'unwān (m) | عنوان |
| Postleitzahl (f) | raqm al barīd (m) | رقم البريد |
| Absender (m) | mursil (m) | مرسل |
| Empfänger (m) | mursal ilayh (m) | مرسل إليه |

| Vorname (m) | ism (m) | إسم |
| Nachname (m) | ism al 'ā'ila (m) | إسم العائلة |
| Tarif (m) | ta'rīfa (f) | تعريفة |
| Standard- (Tarif) | 'ādiy | عاديّ |
| Spar- (-tarif) | muwaffir | موفّر |

| Gewicht (n) | wazn (m) | وزن |
| abwiegen (vt) | wazan | وزن |
| Briefumschlag (m) | ẓarf (m) | ظرف |
| Briefmarke (f) | ṭābi' (m) | طابع |
| Briefmarke aufkleben | alṣaq ṭābi' | ألصق طابعا |

## 43. Bankgeschäft

| Bank (f) | bank (m) | بنك |
| Filiale (f) | far' (m) | فرع |

| Berater (m) | muwazzaf bank (m) | موظّف بنك |
| Leiter (m) | mudīr (m) | مدير |

| Konto (n) | ḥisāb (m) | حساب |
| Kontonummer (f) | raqm al ḥisāb (m) | رقم الحساب |
| Kontokorrent (n) | ḥisāb ӡāri (m) | حساب جار |
| Sparkonto (n) | ḥisāb tawfīr (m) | حساب توفير |

| ein Konto eröffnen | fataḥ ḥisāb | فتح حسابا |
| das Konto schließen | aɣlaq ḥisāb | أغلق حسابا |
| einzahlen (vt) | awda' fil ḥisāb | أودع في الحساب |
| abheben (vt) | saḥab min al ḥisāb | سحب من الحساب |

| Einzahlung (f) | wadīʿa (f) | وديعة |
| eine Einzahlung machen | awdaʿ | أودع |
| Überweisung (f) | ḥawāla (f) | حوالة |
| überweisen (vt) | ḥawwal | حوّل |

| Summe (f) | mablaɣ (m) | مبلغ |
| Wieviel? | kam? | كم؟ |

| Unterschrift (f) | tawqīʿ (m) | توقيع |
| unterschreiben (vt) | waqqaʿ | وقّع |

| Kreditkarte (f) | biṭāqat i'timān (f) | بطاقة ائتمان |
| Code (m) | kūd (m) | كود |
| Kreditkartennummer (f) | raqm biṭāqat i'timān (m) | رقم بطاقة إئتمان |
| Geldautomat (m) | ṣarrāf 'āliy (m) | صرّاف آلي |

| Scheck (m) | ʃīk (m) | شيك |
| einen Scheck schreiben | katab ʃīk | كتب شيكًا |
| Scheckbuch (n) | daftar ʃīkāt (m) | دفتر شيكات |

| Darlehen (m) | qarḍ (m) | قرض |
| ein Darlehen beantragen | qaddam ṭalab lil ḥuṣūl 'ala qarḍ | قدّم طلبا للحصول على قرض |
| ein Darlehen aufnehmen | ḥaṣal 'ala qarḍ | حصل على قرض |
| ein Darlehen geben | qaddam qarḍ | قدمّ قرضا |
| Sicherheit (f) | ḍamān (m) | ضمان |

## 44. Telefon. Telefongespräche

| Telefon (n) | hātif (m) | هاتف |
| Mobiltelefon (n) | hātif maḥmūl (m) | هاتف محمول |
| Anrufbeantworter (m) | muӡīb al hātif (m) | مجيب الهاتف |

| anrufen (vt) | ittaṣal | إتّصل |
| Anruf (m) | mukālama tilifuniyya (f) | مكالمة تليفونية |

| eine Nummer wählen | ittaṣal bi raqm | إتّصل برقم |
| Hallo! | alu! | ألو! |
| fragen (vt) | sa'al | سأل |
| antworten (vi) | radd | ردّ |
| hören (vt) | samiʿ | سمع |

| | | |
|---|---|---|
| gut (~ aussehen) | ʒayyidan | جَيِّدًا |
| schlecht (Adv) | sayyi'an | سَيِّئًا |
| Störungen (pl) | taʃwiʃ (m) | تشويش |

| | | |
|---|---|---|
| Hörer (m) | sammāʿa (f) | سمّاعة |
| den Hörer abnehmen | rafaʿ as sammāʿa | رفع السمّاعة |
| auflegen (den Hörer ~) | qafal as sammāʿa | قفل السمّاعة |

| | | |
|---|---|---|
| besetzt | maʃɣūl | مشغول |
| läuten (vi) | rann | رنّ |
| Telefonbuch (n) | daliil at tilifūn (m) | دليل التليفون |

| | | |
|---|---|---|
| Orts- | maḥalliyya | ة محلّيّة |
| Ortsgespräch (n) | mukālama hātifiyya maḥalliyya (f) | مكالمة هاتفيّة محلّيّة |
| Auslands- | duwaliy | دوليّ |
| Auslandsgespräch (n) | mukālama duwaliyya (f) | مكالمة دوليّة |
| Fern- | baʿīd al mada | بعيد المدى |
| Ferngespräch (n) | mukālama baʿīdat al mada (f) | مكالمة بعيدة المدى |

## 45. Mobiltelefon

| | | |
|---|---|---|
| Mobiltelefon (n) | hātif maḥmūl (m) | هاتف محمول |
| Display (n) | ʒihāz ʿarḍ (m) | جهاز عرض |
| Knopf (m) | zirr (m) | زرّ |
| SIM-Karte (f) | sim kart (m) | سيم كارت |

| | | |
|---|---|---|
| Batterie (f) | battāriyya (f) | بطّاريّة |
| leer sein (Batterie) | xalaṣat | خلصت |
| Ladegerät (n) | ʃāḥin (m) | شاحن |

| | | |
|---|---|---|
| Menü (n) | qā'ima (f) | قائمة |
| Einstellungen (pl) | awḍāʿ (pl) | أوضاع |
| Melodie (f) | naɣma (f) | نغمة |
| auswählen (vt) | ixtār | إختار |

| | | |
|---|---|---|
| Rechner (m) | 'āla ḥāsiba (f) | آلة حاسبة |
| Anrufbeantworter (m) | barīd ṣawtiy (m) | بريد صوتيّ |
| Wecker (m) | munabbih (m) | منبّه |
| Kontakte (pl) | ʒihāt al ittiṣāl (pl) | جهات الإتّصال |

| | | |
|---|---|---|
| SMS-Nachricht (f) | risāla qaṣīra ɛsɛmɛs (f) | sms رسالة قصيرة |
| Teilnehmer (m) | muʃtarik (m) | مشترك |

## 46. Bürobedarf

| | | |
|---|---|---|
| Kugelschreiber (m) | qalam ʒāf (m) | قلم جاف |
| Federhalter (m) | qalam rīʃa (m) | قلم ريشة |

| | | |
|---|---|---|
| Bleistift (m) | qalam ruṣāṣ (m) | قلم رصاص |
| Faserschreiber (m) | markir (m) | ماركر |
| Filzstift (m) | qalam xaṭṭāṭ (m) | قلم خطّاط |

| Notizblock (m) | muðakkira (f) | مذكّرة |
| Terminkalender (m) | ʒadwal al aʿmāl (m) | جدول الأعمال |

| Lineal (n) | masṭara (f) | مسطرة |
| Rechner (m) | 'āla ḥāsiba (f) | آلة حاسبة |
| Radiergummi (m) | astīka (f) | استيكة |
| Reißzwecke (f) | dabbūs (m) | دبّوس |
| Heftklammer (f) | dabbūs waraq (m) | دبوس ورق |

| Klebstoff (m) | ṣamɣ (m) | صمغ |
| Hefter (m) | dabbāsa (f) | دبّاسة |
| Locher (m) | χarrāma (m) | خرّامة |
| Bleistiftspitzer (m) | mibrāt (f) | مبراة |

## 47. Fremdsprachen

| Sprache (f) | luɣa (f) | لغة |
| Fremd- | aʒnabiy | أجنبيّ |
| Fremdsprache (f) | luɣa aʒnabiyya (f) | لغة أجنبيّة |
| studieren (z.B. Jura ~) | daras | درس |
| lernen (Englisch ~) | taʿallam | تعلّم |

| lesen (vi, vt) | qara' | قرأ |
| sprechen (vi, vt) | takallam | تكلّم |
| verstehen (vt) | fahim | فهم |
| schreiben (vi, vt) | katab | كتب |

| schnell (Adv) | bi surʿa | بسرعة |
| langsam (Adv) | bi buṭ' | ببطء |
| fließend (Adv) | bi ṭalāqa | بطلاقة |

| Regeln (pl) | qawāʿid (pl) | قواعد |
| Grammatik (f) | an naḥw waṣ ṣarf (m) | النحو والصرف |
| Vokabular (n) | mufradāt al luɣa (pl) | مفردات اللغة |
| Phonetik (f) | ṣawtīyyāt (pl) | صوتيّات |

| Lehrbuch (n) | kitāb taʿlīm (m) | كتاب تعليم |
| Wörterbuch (n) | qāmūs (m) | قاموس |
| Selbstlernbuch (n) | kitāb taʿlīm ðātiy (m) | كتاب تعليم ذاتيّ |
| Sprachführer (m) | kitāb lil ʿibārāt aʃ ʃāʾiʿa (m) | كتاب للعبارت الشائعة |

| Kassette (f) | ʃarīṭ (m) | شريط |
| Videokassette (f) | ʃarīṭ vidiyu (m) | شريط فيديو |
| CD (f) | si di (m) | سي دي |
| DVD (f) | di vi di (m) | دي في دي |

| Alphabet (n) | alifbā' (m) | الفباء |
| buchstabieren (vt) | tahaʒʒa | تهجّى |
| Aussprache (f) | nuṭq (m) | نطق |

| Akzent (m) | lukna (f) | لكنة |
| mit Akzent | bi lukna | بلكنة |
| ohne Akzent | bi dūn lukna | بدون لكنة |
| Wort (n) | kalima (f) | كلمة |

| | | |
|---|---|---|
| Bedeutung (f) | ma'na (m) | معنى |
| Kurse (pl) | dawra (f) | دورة |
| sich einschreiben | saʒʒal ismahu | سجّل إسمه |
| Lehrer (m) | mudarris (m) | مدرس |
| | | |
| Übertragung (f) | tarʒama (f) | ترجمة |
| Übersetzung (f) | tarʒama (f) | ترجمة |
| Übersetzer (m) | mutarʒim (m) | مترجم |
| Dolmetscher (m) | mutarʒim fawriy (m) | مترجم فوريّ |
| | | |
| Polyglott (m, f) | 'alīm bi 'iddat luɣāt (m) | عليم بعدّة لغات |
| Gedächtnis (n) | ðākira (f) | ذاكرة |

# MAHLZEITEN. RESTAURANT

## 48. Gedeck

| | | |
|---|---|---|
| Löffel (m) | mil'aqa (f) | ملعقة |
| Messer (n) | sikkīn (m) | سكّين |
| Gabel (f) | ʃawka (f) | شوكة |
| Tasse (eine ~ Tee) | finӡān (m) | فنجان |
| Teller (m) | ṭabaq (m) | طبق |
| Untertasse (f) | ṭabaq finӡān (m) | طبق فنجان |
| Serviette (f) | mandīl (m) | منديل |
| Zahnstocher (m) | xallat asnān (f) | خلّة أسنان |

## 49. Restaurant

| | | |
|---|---|---|
| Restaurant (n) | maṭ'am (m) | مطعم |
| Kaffeehaus (n) | kafé (m), maqha (m) | كافيه، مقهى |
| Bar (f) | bār (m) | بار |
| Teesalon (m) | ṣālun ʃāy (m) | صالون شاي |
| Kellner (m) | nādil (m) | نادل |
| Kellnerin (f) | nādila (f) | نادلة |
| Barmixer (m) | bārman (m) | بارمان |
| Speisekarte (f) | qā'imat aṭ ṭa'ām (f) | قائمة طعام |
| Weinkarte (f) | qā'imat al xumūr (f) | قائمة خمور |
| einen Tisch reservieren | haӡaz mā'ida | حجز مائدة |
| Gericht (n) | waӡba (f) | وجبة |
| bestellen (vt) | ṭalab | طلب |
| eine Bestellung aufgeben | ṭalab | طلب |
| Aperitif (m) | ʃarāb (m) | شراب |
| Vorspeise (f) | muqabbilāt (pl) | مقبّلات |
| Nachtisch (m) | halawiyyāt (pl) | حلويّات |
| Rechnung (f) | hisāb (m) | حساب |
| Rechnung bezahlen | dafa' al hisāb | دفع الحساب |
| das Wechselgeld geben | a'ṭa al bāqi | أعطى الباقي |
| Trinkgeld (n) | baqʃīʃ (m) | بقشيش |

## 50. Mahlzeiten

| | | |
|---|---|---|
| Essen (n) | akl (m) | أكل |
| essen (vi, vt) | akal | أكل |

| Frühstück (n) | fuṭūr (m) | فطور |
| frühstücken (vi) | afṭar | أفطر |
| Mittagessen (n) | yadā' (m) | غداء |
| zu Mittag essen | tayadda | تغدّى |
| Abendessen (n) | 'aʃā' (m) | عشاء |
| zu Abend essen | ta'aʃʃa | تعشّى |

| Appetit (m) | ʃahiyya (f) | شهيّة |
| Guten Appetit! | hanī'an marī'an! | هنيئًا مريئًا! |

| öffnen (vt) | fataḥ | فتح |
| verschütten (vt) | dalaq | دلق |
| verschüttet werden | indalaq | إندلق |

| kochen (vi) | yala | غلى |
| kochen (Wasser ~) | yala | غلى |
| gekocht (Adj) | mayliy | مغليّ |
| kühlen (vt) | barrad | برّد |
| abkühlen (vi) | tabarrad | تبرّد |

| Geschmack (m) | ṭa'm (m) | طعم |
| Beigeschmack (m) | al maðāq al 'āliq fil fam (m) | المذاق العالق فى الفم |

| auf Diät sein | faqad al wazn | فقد الوزن |
| Diät (f) | ḥimya yaðā'iyya (f) | حمية غذائية |
| Vitamin (n) | vitamīn (m) | فيتامين |
| Kalorie (f) | su'ra ḥarāriyya (f) | سعرة حراريّة |
| Vegetarier (m) | nabātiy (m) | نباتيّ |
| vegetarisch (Adj) | nabātiy | نباتيّ |

| Fett (n) | duhūn (pl) | دهون |
| Protein (n) | brutināt (pl) | بروتينات |
| Kohlenhydrat (n) | naʃawiyyāt (pl) | نشويّات |
| Scheibchen (n) | ʃarīḥa (f) | شريحة |
| Stück (ein ~ Kuchen) | qiṭ'a (f) | قطعة |
| Krümel (m) | futāta (f) | فتاتة |

## 51. Gerichte

| Gericht (n) | waʒba (f) | وجبة |
| Küche (f) | maṭbaχ (m) | مطبخ |
| Rezept (n) | waṣfa (f) | وصفة |
| Portion (f) | waʒba (f) | وجبة |

| Salat (m) | sulṭa (f) | سلطة |
| Suppe (f) | ʃūrba (f) | شوربة |

| Brühe (f), Bouillon (f) | maraq (m) | مرق |
| belegtes Brot (n) | sandawitʃ (m) | ساندويتش |
| Spiegelei (n) | bayḍ maqliy (m) | بيض مقليّ |

| Hamburger (m) | hamburger (m) | هامبورجر |
| Beefsteak (n) | biftīk (m) | بفتيك |
| Beilage (f) | ṭabaq ʒānibiy (m) | طبق جانبيّ |

| Spaghetti (pl) | spayitti (m) | سباغيتي |
| Kartoffelpüree (n) | harīs baṭāṭis (m) | هريس بطاطس |
| Pizza (f) | bītza (f) | بيتزا |
| Brei (m) | ʿaṣīda (f) | عصيدة |
| Omelett (n) | bayḍ maxfūq (m) | بيض مخفوق |

| gekocht | maslūq | مسلوق |
| geräuchert | mudaxxin | مدخّن |
| gebraten | maqliy | مقلي |
| getrocknet | muʒaffaf | مجفّف |
| tiefgekühlt | muʒammad | مجمّد |
| mariniert | muxallil | مخلّل |

| süß | musakkar | مسكّر |
| salzig | māliḥ | مالح |
| kalt | bārid | بارد |
| heiß | sāxin | ساخن |
| bitter | murr | مرّ |
| lecker | laðīð | لذيذ |

| kochen (vt) | ṭabax | طبخ |
| zubereiten (vt) | ḥaḍḍar | حضّر |
| braten (vt) | qala | قلي |
| aufwärmen (vt) | saxxan | سخّن |

| salzen (vt) | mallaḥ | ملّح |
| pfeffern (vt) | falfal | فلفل |
| reiben (vt) | baʃar | بشر |
| Schale (f) | qiʃra (f) | قشرة |
| schälen (vt) | qaʃʃar | قشّر |

## 52. Essen

| Fleisch (n) | laḥm (m) | لحم |
| Hühnerfleisch (n) | daʒāʒ (m) | دجاج |
| Küken (n) | farrūʒ (m) | فرّوج |
| Ente (f) | baṭṭa (f) | بطّة |
| Gans (f) | iwazza (f) | إوزّة |
| Wild (n) | ṣayd (m) | صيد |
| Pute (f) | daʒāʒ rūmiy (m) | دجاج رومي |

| Schweinefleisch (n) | laḥm al xinzīr (m) | لحم الخنزير |
| Kalbfleisch (n) | laḥm il ʿiʒl (m) | لحم العجل |
| Hammelfleisch (n) | laḥm aḍ ḍaʾn (m) | لحم الضأن |
| Rindfleisch (n) | laḥm al baqar (m) | لحم البقر |
| Kaninchenfleisch (n) | arnab (m) | أرنب |

| Wurst (f) | suʒuq (m) | سجق |
| Würstchen (n) | suʒuq (m) | سجق |
| Schinkenspeck (m) | bikūn (m) | بيكون |
| Schinken (m) | hām (m) | هام |
| Räucherschinken (m) | faxð xinzīr (m) | فخذ خنزير |
| Pastete (f) | maʿʒūn laḥm (m) | معجون لحم |
| Leber (f) | kibda (f) | كبدة |

| | | |
|---|---|---|
| Hackfleisch (n) | ḥaʃwa (f) | حشوة |
| Zunge (f) | lisān (m) | لسان |

| | | |
|---|---|---|
| Ei (n) | bayḍa (f) | بيضة |
| Eier (pl) | bayḍ (m) | بيض |
| Eiweiß (n) | bayāḍ al bayḍ (m) | بياض البيض |
| Eigelb (n) | ṣafār al bayḍ (m) | صفار البيض |

| | | |
|---|---|---|
| Fisch (m) | samak (m) | سمك |
| Meeresfrüchte (pl) | fawākih al baḥr (pl) | فواكه البحر |
| Kaviar (m) | kaviyār (m) | كافيار |

| | | |
|---|---|---|
| Krabbe (f) | salṭaʿūn (m) | سلطعون |
| Garnele (f) | ʒambari (m) | جمبري |
| Auster (f) | maḥār (m) | محار |
| Languste (f) | karkand ʃāik (m) | كركند شائك |
| Krake (m) | uxṭubūṭ (m) | أخطبوط |
| Kalmar (m) | kalmāri (m) | كالماري |

| | | |
|---|---|---|
| Störfleisch (n) | samak al ḥaʃʃ (m) | سمك الحفش |
| Lachs (m) | salmūn (m) | سلمون |
| Heilbutt (m) | samak al halbūt (m) | سمك الهلبوت |

| | | |
|---|---|---|
| Dorsch (m) | samak al qudd (m) | سمك القدّ |
| Makrele (f) | usqumriy (m) | أسقمريّ |
| Tunfisch (m) | tūna (f) | تونة |
| Aal (m) | ḥankalīs (m) | حنكليس |

| | | |
|---|---|---|
| Forelle (f) | salmūn muraqqaṭ (m) | سلمون مرقّط |
| Sardine (f) | sardīn (m) | سردين |
| Hecht (m) | samak al karāki (m) | سمك الكراكي |
| Hering (m) | rinʒa (f) | رنجة |

| | | |
|---|---|---|
| Brot (n) | xubz (m) | خبز |
| Käse (m) | ʒubna (f) | جبنة |
| Zucker (m) | sukkar (m) | سكّر |
| Salz (n) | milḥ (m) | ملح |

| | | |
|---|---|---|
| Reis (m) | urz (m) | أرز |
| Teigwaren (pl) | makarūna (f) | مكرونة |
| Nudeln (pl) | nūdlis (f) | نودلز |

| | | |
|---|---|---|
| Butter (f) | zubda (f) | زبدة |
| Pflanzenöl (n) | zayt (m) | زيت |
| Sonnenblumenöl (n) | zayt ʿabīd aʃʃams (m) | زيت عبيد الشمس |
| Margarine (f) | marɣarīn (m) | مرغرين |

| | | |
|---|---|---|
| Oliven (pl) | zaytūn (m) | زيتون |
| Olivenöl (n) | zayt az zaytūn (m) | زيت الزيتون |

| | | |
|---|---|---|
| Milch (f) | ḥalīb (m) | حليب |
| Kondensmilch (f) | ḥalīb mukaθθaf (m) | حليب مكثّف |
| Joghurt (m) | yūɣurt (m) | يوغورت |
| saure Sahne (f) | krīma ḥāmiḍa (f) | كريمة حامضة |
| Sahne (f) | krīma (f) | كريمة |
| Mayonnaise (f) | mayunīz (m) | مايونيز |

| Buttercreme (f) | krīmat zubda (f) | كريمة زبدة |
| Grütze (f) | ḥubūb (pl) | حبوب |
| Mehl (n) | daqīq (m) | دقيق |
| Konserven (pl) | mu'allabāt (pl) | معلّبات |

| Maisflocken (pl) | kurn fliks (m) | كورن فليكس |
| Honig (m) | 'asal (m) | عسل |
| Marmelade (f) | murabba (m) | مربّى |
| Kaugummi (m, n) | 'ilk (m) | علك |

## 53. Getränke

| Wasser (n) | mā' (m) | ماء |
| Trinkwasser (n) | mā' ʃurb (m) | ماء شرب |
| Mineralwasser (n) | mā' ma'daniy (m) | ماء معدني |

| still | bi dūn ɣāz | بدون غاز |
| mit Kohlensäure | mukarban | مكربن |
| mit Gas | bil ɣāz | بالغاز |
| Eis (n) | θalʒ (m) | ثلج |
| mit Eis | biθ θalʒ | بالثلج |

| alkoholfrei (Adj) | bi dūn kuḥūl | بدون كحول |
| alkoholfreies Getränk (n) | maʃrūb ɣāziy (m) | مشروب غازي |
| Erfrischungsgetränk (n) | maʃrūb muθallaʒ (m) | مشروب مثلج |
| Limonade (f) | ʃarāb laymūn (m) | شراب ليمون |

| Spirituosen (pl) | maʃrūbāt kuḥūliyya (pl) | مشروبيات كحولية |
| Wein (m) | nabīð (f) | نبيذ |
| Weißwein (m) | nibīð abyaḍ (m) | نبيذ أبيض |
| Rotwein (m) | nabīð aḥmar (m) | نبيذ أحمر |

| Likör (m) | liqiūr (m) | ليكيور |
| Champagner (m) | ʃambāniya (f) | شمبانيا |
| Wermut (m) | virmut (m) | فيرموث |

| Whisky (m) | wiski (m) | وسكي |
| Wodka (m) | vudka (f) | فودكا |
| Gin (m) | ʒīn (m) | جين |
| Kognak (m) | kunyāk (m) | كونياك |
| Rum (m) | rum (m) | رم |

| Kaffee (m) | qahwa (f) | قهوة |
| schwarzer Kaffee (m) | qahwa sāda (f) | قهوة سادة |
| Milchkaffee (m) | qahwa bil ḥalīb (f) | قهوة بالحليب |
| Cappuccino (m) | kaputʃīnu (m) | كابتشينو |
| Pulverkaffee (m) | niskafi (m) | نيسكافيه |

| Milch (f) | ḥalīb (m) | حليب |
| Cocktail (m) | kuktayl (m) | كوكتيل |
| Milchcocktail (m) | milk ʃiyk (m) | ميلك شيك |

| Saft (m) | 'aṣīr (m) | عصير |
| Tomatensaft (m) | 'aṣīr ṭamāṭim (m) | عصير طماطم |

| Orangensaft (m) | ʿaşīr burtuqāl (m) | عصير برتقال |
| frisch gepresster Saft (m) | ʿaşīr ţāziӡ (m) | عصير طازج |

| Bier (n) | bīra (f) | بيرة |
| Helles (n) | bīra χafīfa (f) | بيرة خفيفة |
| Dunkelbier (n) | bīra ɣāmiqa (f) | بيرة غامقة |

| Tee (m) | ʃāy (m) | شاي |
| schwarzer Tee (m) | ʃāy aswad (m) | شاي أسود |
| grüner Tee (m) | ʃāy aχḍar (m) | شاي أخضر |

## 54. Gemüse

| Gemüse (n) | χuḍār (pl) | خضار |
| grünes Gemüse (pl) | χuḍrawāt waraqiyya (pl) | خضروات ورقيّة |

| Tomate (f) | ţamāţim (f) | طماطم |
| Gurke (f) | χiyār (m) | خيار |
| Karotte (f) | ӡazar (m) | جزر |
| Kartoffel (f) | baţāţis (f) | بطاطس |
| Zwiebel (f) | başal (m) | بصل |
| Knoblauch (m) | θūm (m) | ثوم |

| Kohl (m) | kurumb (m) | كرنب |
| Blumenkohl (m) | qarnabīţ (m) | قرنبيط |
| Rosenkohl (m) | kurumb brūksil (m) | كرنب بروكسل |
| Brokkoli (m) | brukuli (m) | بركولي |
| Rote Bete (f) | banӡar (m) | بنجر |
| Aubergine (f) | bātinӡān (m) | باذنجان |
| Zucchini (f) | kūsa (f) | كوسة |
| Kürbis (m) | qarʿ (m) | قرع |
| Rübe (f) | lift (m) | لفت |

| Petersilie (f) | baqdūnis (m) | بقدونس |
| Dill (m) | ʃabat (m) | شبت |
| Kopf Salat (m) | χass (m) | خسّ |
| Sellerie (m) | karafs (m) | كرفس |
| Spargel (m) | halyūn (m) | هليون |
| Spinat (m) | sabāniχ (m) | سبانخ |
| Erbse (f) | bisilla (f) | بسلّة |
| Bohnen (pl) | fūl (m) | فول |
| Mais (m) | ðura (f) | ذرّة |
| weiße Bohne (f) | faşūliya (f) | فاصوليا |

| Paprika (m) | filfil (m) | فلفل |
| Radieschen (n) | fiӡl (m) | فجل |
| Artischocke (f) | χurʃūf (m) | خرشوف |

## 55. Obst. Nüsse

| Frucht (f) | fākiha (f) | فاكهة |
| Apfel (m) | tuffāḥa (f) | تفّاحة |

| | | |
|---|---|---|
| Birne (f) | kummaθra (f) | كمّثرى |
| Zitrone (f) | laymūn (m) | ليمون |
| Apfelsine (f) | burtuqāl (m) | برتقال |
| Erdbeere (f) | farawla (f) | فراولة |

| | | |
|---|---|---|
| Mandarine (f) | yūsufiy (m) | يوسفي |
| Pflaume (f) | barqūq (m) | برقوق |
| Pfirsich (m) | durrāq (m) | دراق |
| Aprikose (f) | miʃmiʃ (f) | مشمش |
| Himbeere (f) | tūt al 'ullayq al aḥmar (m) | توت العليق الأحمر |
| Ananas (f) | ananās (m) | أناناس |

| | | |
|---|---|---|
| Banane (f) | mawz (m) | موز |
| Wassermelone (f) | baṭṭīx aḥmar (m) | بطّيخ أحمر |
| Weintrauben (pl) | 'inab (m) | عنب |
| Kirsche (f) | karaz (m) | كرز |
| Melone (f) | baṭṭīx aṣfar (f) | بطّيخ أصفر |

| | | |
|---|---|---|
| Grapefruit (f) | zinbā' (m) | زنباع |
| Avocado (f) | avukādu (f) | افوكاتو |
| Papaya (f) | babāya (m) | بابايا |
| Mango (f) | mangu (m) | مانجو |
| Granatapfel (m) | rummān (m) | رمان |

| | | |
|---|---|---|
| rote Johannisbeere (f) | kiʃmiʃ aḥmar (m) | كشمش أحمر |
| schwarze Johannisbeere (f) | 'inab aθ θa'lab al aswad (m) | عنب الثعلب الأسود |
| Stachelbeere (f) | 'inab aθ θa'lab (m) | عنب الثعلب |
| Heidelbeere (f) | 'inab al aḥrāʒ (m) | عنب الأحراج |
| Brombeere (f) | θamar al 'ullayk (m) | ثمر العليّق |

| | | |
|---|---|---|
| Rosinen (pl) | zabīb (m) | زبيب |
| Feige (f) | tīn (m) | تين |
| Dattel (f) | tamr (m) | تمر |

| | | |
|---|---|---|
| Erdnuss (f) | fūl sudāniy (m) | فول سودانيّ |
| Mandel (f) | lawz (m) | لوز |
| Walnuss (f) | 'ayn al ʒamal (f) | عين الجمل |
| Haselnuss (f) | bunduq (m) | بندق |
| Kokosnuss (f) | ʒawz al hind (m) | جوز هند |
| Pistazien (pl) | fustuq (m) | فستق |

## 56. Brot. Süßigkeiten

| | | |
|---|---|---|
| Konditorwaren (pl) | ḥalawiyyāt (pl) | حلويّات |
| Brot (n) | xubz (m) | خبز |
| Keks (m, n) | baskawīt (m) | بسكويت |

| | | |
|---|---|---|
| Schokolade (f) | ʃukulāta (f) | شكولاتة |
| Schokoladen- | biʃ ʃukulāta | بالشكولاتة |
| Bonbon (m, n) | bumbūn (m) | بونبون |
| Kuchen (m) | ka'k (m) | كعك |
| Torte (f) | tūrta (f) | تورتة |
| Kuchen (Apfel-) | faṭīra (f) | فطيرة |
| Füllung (f) | ḥaʃwa (f) | حشوة |

| | | |
|---|---|---|
| Konfitüre (f) | murabba (m) | مربّى |
| Marmelade (f) | marmalād (f) | مرملاد |
| Waffeln (pl) | wāfil (m) | وافل |
| Eis (n) | muθallaʒāt (pl) | مثلجات |
| Pudding (m) | būding (m) | بودنج |

## 57. Gewürze

| | | |
|---|---|---|
| Salz (n) | milḥ (m) | ملح |
| salzig (Adj) | māliḥ | مالح |
| salzen (vt) | mallaḥ | ملّح |

| | | |
|---|---|---|
| schwarzer Pfeffer (m) | filfil aswad (m) | فلفل أسود |
| roter Pfeffer (m) | filfil aḥmar (m) | فلفل أحمر |
| Senf (m) | ṣalṣat al xardal (f) | صلصة الخردل |
| Meerrettich (m) | fiʒl ḥārr (m) | فجل حارّ |

| | | |
|---|---|---|
| Gewürz (n) | tābil (m) | تابل |
| Gewürz (n) | bahār (m) | بهار |
| Soße (f) | ṣalṣa (f) | صلصة |
| Essig (m) | xall (m) | خلّ |

| | | |
|---|---|---|
| Anis (m) | yānsūn (m) | يانسون |
| Basilikum (n) | rīḥān (m) | ريحان |
| Nelke (f) | qurumful (m) | قرنفل |
| Ingwer (m) | zanʒabīl (m) | زنجبيل |
| Koriander (m) | kuzbara (f) | كزبرة |
| Zimt (m) | qirfa (f) | قرفة |

| | | |
|---|---|---|
| Sesam (m) | simsim (m) | سمسم |
| Lorbeerblatt (n) | awrāq al ɣār (pl) | أوراق الغار |
| Paprika (m) | babrika (f) | بابريكا |
| Kümmel (m) | karāwiya (f) | كراوية |
| Safran (m) | za'farān (m) | زعفران |

# PERSÖNLICHE INFORMATIONEN. FAMILIE

## 58. Persönliche Informationen. Formulare

| | | |
|---|---|---|
| Vorname (m) | ism (m) | إسم |
| Name (m) | ism al 'ā'ila (m) | إسم العائلة |
| Geburtsdatum (n) | tarīx al mīlād (m) | تاريخ الميلاد |
| Geburtsort (m) | makān al mīlād (m) | مكان الميلاد |
| | | |
| Nationalität (f) | ʒinsiyya (f) | جنسية |
| Wohnort (m) | maqarr al iqāma (m) | مقر الإقامة |
| Land (n) | balad (m) | بلد |
| Beruf (m) | mihna (f) | مهنة |
| | | |
| Geschlecht (n) | ʒins (m) | جنس |
| Größe (f) | ṭūl (m) | طول |
| Gewicht (n) | wazn (m) | وزن |

## 59. Familienmitglieder. Verwandte

| | | |
|---|---|---|
| Mutter (f) | umm (f) | أُم |
| Vater (m) | ab (m) | أب |
| Sohn (m) | ibn (m) | إبن |
| Tochter (f) | ibna (f) | إبنة |
| | | |
| jüngste Tochter (f) | al ibna aṣ ṣayīra (f) | الإبنة الصغيرة |
| jüngste Sohn (m) | al ibn aṣ ṣayīr (m) | الابن الصغير |
| ältere Tochter (f) | al ibna al kabīra (f) | الإبنة الكبيرة |
| älterer Sohn (m) | al ibn al kabīr (m) | الإبن الكبير |
| | | |
| Bruder (m) | ax (m) | أخ |
| älterer Bruder (m) | al ax al kabīr (m) | الأخ الكبير |
| jüngerer Bruder (m) | al ax aṣ ṣayīr (m) | الأخ الصغير |
| Schwester (f) | uxt (f) | أخت |
| ältere Schwester (f) | al uxt al kabīra (f) | الأخت الكبيرة |
| jüngere Schwester (f) | al uxt aṣ ṣayīra (f) | الأخت الصغيرة |
| | | |
| Cousin (m) | ibn 'amm (m), ibn xāl (m) | إبن عمّ، إبن خال |
| Cousine (f) | ibnat 'amm (f), ibnat xāl (f) | إبنة عمّ، إبنة خال |
| Mama (f) | mama (f) | ماما |
| Papa (m) | baba (m) | بابا |
| Eltern (pl) | wālidān (du) | والدان |
| Kind (n) | ṭifl (m) | طفل |
| Kinder (pl) | aṭfāl (pl) | أطفال |
| | | |
| Großmutter (f) | ʒidda (f) | جدّة |
| Großvater (m) | ʒadd (m) | جدّ |
| Enkel (m) | ḥafīd (m) | حفيد |

| Enkelin (f) | ḥafīda (f) | حفيدة |
| Enkelkinder (pl) | aḥfād (pl) | أحفاد |

| Onkel (m) | 'amm (m), χāl (m) | عمّ، خال |
| Tante (f) | 'amma (f), χāla (f) | عمّة، خالة |
| Neffe (m) | ibn al aχ (m), ibn al uχt (m) | إبن الأخ، إبن الأخت |
| Nichte (f) | ibnat al aχ (f), ibnat al uχt (f) | إبنة الأخ، إبنة الأخت |
| Schwiegermutter (f) | ḥamātt (f) | حماة |
| Schwiegervater (m) | ḥamm (m) | حم |
| Schwiegersohn (m) | zawʒ al ibna (m) | زوج الأبنة |
| Stiefmutter (f) | zawʒat al ab (f) | زوجة الأب |
| Stiefvater (m) | zawʒ al umm (m) | زوج الأمّ |

| Säugling (m) | ṭifl raḍīʿ (m) | طفل رضيع |
| Kleinkind (n) | mawlūd (m) | مولود |
| Kleine (m) | walad ṣaɣīr (m) | ولد صغير |

| Frau (f) | zawʒa (f) | زوجة |
| Mann (m) | zawʒ (m) | زوج |
| Ehemann (m) | zawʒ (m) | زوج |
| Gemahlin (f) | zawʒa (f) | زوجة |

| verheiratet (Ehemann) | mutazawwiʒ | متزوّج |
| verheiratet (Ehefrau) | mutazawwiʒa | متزوّجة |
| ledig | aʿzab | أعزب |
| Junggeselle (m) | aʿzab (m) | أعزب |
| geschieden (Adj) | muṭallaq (m) | مطلّق |
| Witwe (f) | armala (f) | أرملة |
| Witwer (m) | armal (m) | أرمل |

| Verwandte (m) | qarīb (m) | قريب |
| naher Verwandter (m) | nasīb qarīb (m) | نسيب قريب |
| entfernter Verwandter (m) | nasīb baʿīd (m) | نسيب بعيد |
| Verwandte (pl) | aqārib (pl) | أقارب |

| Waise (m, f) | yatīm (m) | يتيم |
| Vormund (m) | waliyy amr (m) | ولي أمر |
| adoptieren (einen Jungen) | tabanna | تبنّى |
| adoptieren (ein Mädchen) | tabanna | تبنّى |

## 60. Freunde. Arbeitskollegen

| Freund (m) | ṣadīq (m) | صديق |
| Freundin (f) | ṣadīqa (f) | صديقة |
| Freundschaft (f) | ṣadāqa (f) | صداقة |
| befreundet sein | ṣādaq | صادق |

| Freund (m) | ṣāḥib (m) | صاحب |
| Freundin (f) | ṣaḥiba (f) | صاحبة |
| Partner (m) | rafīq (m) | رفيق |

| Chef (m) | raʾīs (m) | رئيس |
| Vorgesetzte (m) | raʾīs (m) | رئيس |
| Besitzer (m) | ṣāḥib (m) | صاحب |

| | | |
|---|---|---|
| Untergeordnete (m) | tābi' (m) | تابع |
| Kollege (m), Kollegin (f) | zamīl (m) | زميل |
| | | |
| Bekannte (m) | ma'ruf (m) | معروف |
| Reisegefährte (m) | rafīq safar (m) | رفيق سفر |
| Mitschüler (m) | zamīl fiṣ ṣaff (m) | زميل في الصف |
| | | |
| Nachbar (m) | ӡār (m) | جار |
| Nachbarin (f) | ӡāra (f) | جارة |
| Nachbarn (pl) | ӡirān (pl) | جيران |

# MENSCHLICHER KÖRPER. MEDIZIN

## 61. Kopf

| | | |
|---|---|---|
| Kopf (m) | ra's (m) | رأس |
| Gesicht (n) | waʒh (m) | وجه |
| Nase (f) | anf (m) | أنف |
| Mund (m) | fam (m) | فم |
| | | |
| Auge (n) | 'ayn (f) | عين |
| Augen (pl) | 'uyūn (pl) | عيون |
| Pupille (f) | ḥadaqa (f) | حدقة |
| Augenbraue (f) | ḥāʒib (m) | حاجب |
| Wimper (f) | rimʃ (m) | رمش |
| Augenlid (n) | ʒafn (m) | جفن |
| | | |
| Zunge (f) | lisān (m) | لسان |
| Zahn (m) | sinn (f) | سنّ |
| Lippen (pl) | ʃifāh (pl) | شفاه |
| Backenknochen (pl) | 'iẓām waʒhiyya (pl) | عظام وجهيّة |
| Zahnfleisch (n) | liθθa (f) | لئة |
| Gaumen (m) | ḥanak (m) | حنك |
| | | |
| Nasenlöcher (pl) | minχarān (du) | منخران |
| Kinn (n) | ðaqan (m) | ذقن |
| Kiefer (m) | fakk (m) | فكّ |
| Wange (f) | χadd (m) | خدّ |
| | | |
| Stirn (f) | ʒabha (f) | جبهة |
| Schläfe (f) | ṣudɣ (m) | صدغ |
| Ohr (n) | uðun (f) | أذن |
| Nacken (m) | qafa (m) | قفا |
| Hals (m) | raqaba (f) | رقبة |
| Kehle (f) | ḥalq (m) | حلق |
| | | |
| Haare (pl) | ʃa'r (m) | شعر |
| Frisur (f) | tasrīḥa (f) | تسريحة |
| Haarschnitt (m) | tasrīḥa (f) | تسريحة |
| Perücke (f) | barūka (f) | باروكة |
| | | |
| Schnurrbart (m) | ʃawārib (pl) | شوارب |
| Bart (m) | liḥya (f) | لحية |
| haben (einen Bart ~) | 'indahu | عنده |
| Zopf (m) | ḍifīra (f) | ضفيرة |
| Backenbart (m) | sawālif (pl) | سوالف |
| | | |
| rothaarig | aḥmar aʃʃa'r | أحمر الشعر |
| grau | abyaḍ | أبيض |
| kahl | aṣla' | أصلع |
| Glatze (f) | ṣala' (m) | صلع |

| Pferdeschwanz (m) | ðayl ḥiṣān (m) | ذيل حصان |
| Pony (Ponyfrisur) | quṣṣa (f) | قصّة |

## 62. Menschlicher Körper

| Hand (f) | yad (m) | يد |
| Arm (m) | ðirā' (f) | ذراع |

| Finger (m) | iṣba' (m) | إصبع |
| Zehe (f) | iṣba' al qadam (m) | إصبع القدم |
| Daumen (m) | ibhām (m) | إبهام |
| kleiner Finger (m) | xunṣur (m) | خنصر |
| Nagel (m) | ẓufr (m) | ظفر |

| Faust (f) | qabḍa (f) | قبضة |
| Handfläche (f) | kaff (f) | كفّ |
| Handgelenk (n) | mi'ṣam (m) | معصم |
| Unterarm (m) | sā'id (m) | ساعد |
| Ellbogen (m) | mirfaq (m) | مرفق |
| Schulter (f) | katf (f) | كتف |

| Bein (n) | riʒl (f) | رجل |
| Fuß (m) | qadam (f) | قدم |
| Knie (n) | rukba (f) | ركبة |
| Wade (f) | sammāna (f) | سمّانة |
| Hüfte (f) | faxð (f) | فخذ |
| Ferse (f) | 'aqb (m) | عقب |

| Körper (m) | ʒism (m) | جسم |
| Bauch (m) | baṭn (m) | بطن |
| Brust (f) | ṣadr (m) | صدر |
| Busen (m) | θady (m) | ثدي |
| Seite (f), Flanke (f) | ʒamb (m) | جنب |
| Rücken (m) | ẓahr (m) | ظهر |
| Kreuz (n) | asfal aẓ ẓahr (m) | أسفل الظهر |
| Taille (f) | xaṣr (m) | خصر |

| Nabel (m) | surra (f) | سرّة |
| Gesäßbacken (pl) | ardāf (pl) | أرداف |
| Hinterteil (n) | dubr (m) | دبر |

| Leberfleck (m) | ʃāma (f) | شامة |
| Muttermal (n) | waḥma | وحمة |
| Tätowierung (f) | waʃm (m) | وشم |
| Narbe (f) | nadba (f) | ندبة |

## 63. Krankheiten

| Krankheit (f) | maraḍ (m) | مرض |
| krank sein | maraḍ | مرض |
| Gesundheit (f) | ṣiḥḥa (f) | صحّة |
| Schnupfen (m) | zukām (m) | زكام |

| | | |
|---|---|---|
| Angina (f) | iltihāb al lawzatayn (m) | التهاب اللوزتين |
| Erkältung (f) | bard (m) | برد |
| sich erkälten | aṣābahu al bard | أصابه البرد |

| | | |
|---|---|---|
| Bronchitis (f) | iltihāb al qaṣabāt (m) | إلتهاب القصبات |
| Lungenentzündung (f) | iltihāb ar ri'atayn (m) | إلتهاب الرئتين |
| Grippe (f) | inflūnza (f) | إنفلونزا |

| | | |
|---|---|---|
| kurzsichtig | qaṣīr an naẓar | قصير النظر |
| weitsichtig | ba'īd an naẓar | بعيد النظر |
| Schielen (n) | ḥawal (m) | حول |
| schielend (Adj) | aḥwal | أحول |
| grauer Star (m) | katarakt (f) | كاتاراكت |
| Glaukom (n) | glawkūma (f) | جلوكوما |

| | | |
|---|---|---|
| Schlaganfall (m) | sakta (f) | سكتة |
| Infarkt (m) | iḥtiʃā' (m) | إحتشاء |
| Herzinfarkt (m) | nawba qalbiya (f) | نوبة قلبية |
| Lähmung (f) | ʃalal (m) | شلل |
| lähmen (vt) | ʃall | شلّ |

| | | |
|---|---|---|
| Allergie (f) | ḥassāsiyya (f) | حسّاسيّة |
| Asthma (n) | rabw (m) | ربو |
| Diabetes (m) | ad dā' as sukkariy (m) | الداء السكّريّ |

| | | |
|---|---|---|
| Zahnschmerz (m) | alam al asnān (m) | ألم الأسنان |
| Karies (f) | naxar al asnān (m) | نخر الأسنان |

| | | |
|---|---|---|
| Durchfall (m) | ishāl (m) | إسهال |
| Verstopfung (f) | imsāk (m) | إمساك |
| Magenverstimmung (f) | 'usr al haḍm (m) | عسر الهضم |
| Vergiftung (f) | tasammum (m) | تسمّم |
| Vergiftung bekommen | tasammam | تسمّم |

| | | |
|---|---|---|
| Arthritis (f) | iltihāb al mafāṣil (m) | إلتهاب المفاصل |
| Rachitis (f) | kusāḥ al aṭfāl (m) | كساح الأطفال |
| Rheumatismus (m) | riumatizm (m) | روماتزم |
| Atherosklerose (f) | taṣṣallub aʃ ʃarayīn (m) | تصلّب الشرايين |

| | | |
|---|---|---|
| Gastritis (f) | iltihāb al ma'ida (m) | إلتهاب المعدة |
| Blinddarmentzündung (f) | iltihāb az zā'ida ad dūdiyya (m) | إلتهاب الزائدة الدوديّة |
| Cholezystitis (f) | iltihāb al marāra (m) | إلتهاب المرارة |
| Geschwür (n) | qurḥa (f) | قرحة |

| | | |
|---|---|---|
| Masern (pl) | maraḍ al ḥaṣba (m) | مرض الحصبة |
| Röteln (pl) | ḥaṣba almāniyya (f) | حصبة ألمانية |
| Gelbsucht (f) | yaraqān (m) | يرقان |
| Hepatitis (f) | iltihāb al kabd al vayrūsiy (m) | إلتهاب الكبد الفيروسيّ |

| | | |
|---|---|---|
| Schizophrenie (f) | ʃizufrīniya (f) | شيزوفرينيا |
| Tollwut (f) | dā' al kalb (m) | داء الكلب |
| Neurose (f) | 'iṣāb (m) | عصاب |
| Gehirnerschütterung (f) | irtiʒāʒ al muxx (m) | إرتجاج المخ |
| Krebs (m) | saraṭān (m) | سرطان |
| Sklerose (f) | taṣṣallub (m) | تصلّب |

| | | |
|---|---|---|
| multiple Sklerose (f) | taṣṣallub muta'addid (m) | تصلّب متعدد |
| Alkoholismus (m) | idmān al χamr (m) | إدمان الخمر |
| Alkoholiker (m) | mudmin al χamr (m) | مدمن الخمر |
| Syphilis (f) | sifilis az zuhariy (m) | سفلس الزهري |
| AIDS | al aydz (m) | الايدز |
| | | |
| Tumor (m) | waram (m) | ورم |
| bösartig | χabīθ | خبيث |
| gutartig | ḥamīd (m) | حميد |
| | | |
| Fieber (n) | ḥumma (f) | حمّى |
| Malaria (f) | malāriya (f) | ملاريا |
| Gangrän (f, n) | yanyrīna (f) | غنغرينا |
| Seekrankheit (f) | duwār al baḥr (m) | دوار البحر |
| Epilepsie (f) | maraḍ aṣ ṣar' (m) | مرض الصرع |
| | | |
| Epidemie (f) | wabā' (m) | وباء |
| Typhus (m) | tīfus (m) | تيفوس |
| Tuberkulose (f) | maraḍ as sull (m) | مرض السلّ |
| Cholera (f) | kulīra (f) | كوليرا |
| Pest (f) | ṭā'ūn (m) | طاعون |

## 64. Symptome. Behandlungen. Teil 1

| | | |
|---|---|---|
| Symptom (n) | 'araḍ (m) | عرض |
| Temperatur (f) | ḥarāra (f) | حرارة |
| Fieber (n) | ḥumma (f) | حمّى |
| Puls (m) | nabḍ (m) | نبض |
| | | |
| Schwindel (m) | dawχa (f) | دوخة |
| heiß (Stirne usw.) | ḥārr | حارّ |
| Schüttelfrost (m) | nafaḍān (m) | نفضان |
| blass (z.B. -es Gesicht) | aṣfar | أصفر |
| | | |
| Husten (m) | su'āl (m) | سعال |
| husten (vi) | sa'al | سعل |
| niesen (vi) | 'aṭas | عطس |
| Ohnmacht (f) | iymā' (m) | إغماء |
| ohnmächtig werden | yumiya 'alayh | غمي عليه |
| | | |
| blauer Fleck (m) | kadma (f) | كدمة |
| Beule (f) | tawarrum (m) | تورّم |
| sich stoßen | iṣṭadam | إصطدم |
| Prellung (f) | raḍḍ (m) | رضّ |
| sich stoßen | taraḍḍaḍ | ترضّض |
| | | |
| hinken (vi) | 'araʒ | عرج |
| Verrenkung (f) | χal' (m) | خلع |
| ausrenken (vt) | χala' | خلع |
| Fraktur (f) | kasr (m) | كسر |
| brechen (Arm usw.) | inkasar | إنكسر |
| | | |
| Schnittwunde (f) | ʒurḥ (m) | جرح |
| sich schneiden | ʒaraḥ nafsah | جرح نفسه |

| | | |
|---|---|---|
| Blutung (f) | nazf (m) | نزف |
| Verbrennung (f) | ḥarq (m) | حرق |
| sich verbrennen | taʃayyat | تشيط |

| | | |
|---|---|---|
| stechen (vt) | waχaz | وخز |
| sich stechen | waχaz nafsah | وخز نفسه |
| verletzen (vt) | aṣāb | أصاب |
| Verletzung (f) | iṣāba (f) | إصابة |
| Wunde (f) | ʒurḥ (m) | جرح |
| Trauma (n) | ṣadma (f) | صدمة |

| | | |
|---|---|---|
| irrereden (vi) | haða | هذى |
| stottern (vi) | talaʻsam | تلعثم |
| Sonnenstich (m) | ḍarbat ʃams (f) | ضربة شمس |

## 65. Symptome. Behandlungen. Teil 2

| | | |
|---|---|---|
| Schmerz (m) | alam (m) | ألم |
| Splitter (m) | ʃaẓiyya (f) | شظيّة |

| | | |
|---|---|---|
| Schweiß (m) | ʻirq (m) | عرق |
| schwitzen (vi) | ʻariq | عرق |
| Erbrechen (n) | taqayyuʻ (m) | تقيؤ |
| Krämpfe (pl) | taʃannuʒāt (pl) | تشنّجات |

| | | |
|---|---|---|
| schwanger | ḥāmil | حامل |
| geboren sein | wulid | وُلد |
| Geburt (f) | wilāda (f) | ولادة |
| gebären (vt) | walad | ولد |
| Abtreibung (f) | iʒhāḍ (m) | إجهاض |

| | | |
|---|---|---|
| Atem (m) | tanaffus (m) | تنفّس |
| Atemzug (m) | istinʃāq (m) | إستنشاق |
| Ausatmung (f) | zafīr (m) | زفير |
| ausatmen (vt) | zafar | زفر |
| einatmen (vt) | istanʃaq | إستنشق |

| | | |
|---|---|---|
| Invalide (m) | muʻāq (m) | معاق |
| Krüppel (m) | muqʻad (m) | مقعد |
| Drogenabhängiger (m) | mudmin muχaddirāt (m) | مدمن مخدّرات |

| | | |
|---|---|---|
| taub | aṭraʃ | أطرش |
| stumm | aχras | أخرس |
| taubstumm | aṭraʃ aχras | أطرش أخرس |

| | | |
|---|---|---|
| verrückt (Adj) | maʒnūn (m) | مجنون |
| Irre (m) | maʒnūn (m) | مجنون |
| Irre (f) | maʒnūna (f) | مجنونة |
| den Verstand verlieren | ʒunn | جُنّ |

| | | |
|---|---|---|
| Gen (n) | ʒīn (m) | جين |
| Immunität (f) | manāʻa (f) | مناعة |
| erblich | wirāθiy | وراثيّ |
| angeboren | χilqiy munð al wilāda | خلقيّ منذ الولادة |

| | | |
|---|---|---|
| Virus (m, n) | virūs (m) | فيروس |
| Mikrobe (f) | mikrūb (m) | ميكروب |
| Bakterie (f) | ӡurθūma (f) | جرثومة |
| Infektion (f) | 'adwa (f) | عدوى |

## 66. Symptome. Behandlungen. Teil 3

| | | |
|---|---|---|
| Krankenhaus (n) | mustaʃfa (m) | مستشفى |
| Patient (m) | marīḍ (m) | مريض |
| | | |
| Diagnose (f) | taʃxīṣ (m) | تشخيص |
| Heilung (f) | 'ilāӡ (m) | علاج |
| Behandlung (f) | 'ilāӡ (m) | علاج |
| Behandlung bekommen | ta'ālaӡ | تعالج |
| behandeln (vt) | 'ālaӡ | عالج |
| pflegen (Kranke) | marraḍ | مرّض |
| Pflege (f) | 'ināya (f) | عناية |
| | | |
| Operation (f) | 'amaliyya ӡaraḥiyya (f) | عمليّة جرحيّة |
| verbinden (vt) | ḍammad | ضمّد |
| Verband (m) | taḍmīd (m) | تضميد |
| | | |
| Impfung (f) | talqīḥ (m) | تلقيح |
| impfen (vt) | laqqaḥ | لقّح |
| Spritze (f) | ḥuqna (f) | حقنة |
| eine Spritze geben | ḥaqan ibra | حقن إبرة |
| | | |
| Anfall (m) | nawba (f) | نوبة |
| Amputation (f) | batr (m) | بتر |
| amputieren (vt) | batar | بتر |
| Koma (n) | ɣaybūba (f) | غيبوبة |
| im Koma liegen | kān fi ḥālat ɣaybūba | كان في حالة غيبوبة |
| Reanimation (f) | al 'ināya al murakkaza (f) | العناية المركّزة |
| | | |
| genesen von … (vi) | ʃufiy | شفي |
| Zustand (m) | ḥāla (f) | حالة |
| Bewusstsein (n) | wa'y (m) | وعي |
| Gedächtnis (n) | ðākira (f) | ذاكرة |
| | | |
| ziehen (einen Zahn ~) | xala' | خلع |
| Plombe (f) | ḥaʃw (m) | حشو |
| plombieren (vt) | ḥaʃa | حشا |
| | | |
| Hypnose (f) | at tanwīm al maɣnaṭīsiy (m) | التنويم المغناطيسيّ |
| hypnotisieren (vt) | nawwam | نوّم |

## 67. Medizin. Medikamente. Accessoires

| | | |
|---|---|---|
| Arznei (f) | dawā' (m) | دواء |
| Heilmittel (n) | 'ilāӡ (m) | علاج |
| verschreiben (vt) | waṣaf | وصف |
| Rezept (n) | waṣfa (f) | وصفة |

| Tablette (f) | qurṣ (m) | قرص |
| Salbe (f) | marham (m) | مرهم |
| Ampulle (f) | ambūla (f) | أمبولة |
| Mixtur (f) | dawā' ʃarāb (m) | دواء شراب |
| Sirup (m) | ʃarāb (m) | شراب |
| Pille (f) | ḥabba (f) | حبة |
| Pulver (n) | ðarūr (m) | ذرور |

| Verband (m) | ḍammāda (f) | ضمادة |
| Watte (f) | quṭn (m) | قطن |
| Jod (n) | yūd (m) | يود |

| Pflaster (n) | blāstir (m) | بلاستر |
| Pipette (f) | māṣṣat al bastara (f) | ماصّة البسترة |
| Thermometer (n) | tirmūmitr (m) | ترمومتر |
| Spritze (f) | miḥqana (f) | محقنة |

| Rollstuhl (m) | kursiy mutaḥarrik (m) | كرسي متحرّك |
| Krücken (pl) | 'ukkāzān (du) | عكّازان |

| Betäubungsmittel (n) | musakkin (m) | مسكّن |
| Abführmittel (n) | mulayyin (m) | مليّن |
| Spiritus (m) | iθanūl (m) | إيثانول |
| Heilkraut (n) | a'ʃāb ṭibbiyya (pl) | أعشاب طبية |
| Kräuter- (z.B. Kräutertee) | 'uʃbiy | عشبي |

# WOHNUNG

## 68. Wohnung

| | | |
|---|---|---|
| Wohnung (f) | ʃaqqa (f) | شقّة |
| Zimmer (n) | ɣurfa (f) | غرفة |
| Schlafzimmer (n) | ɣurfat an nawm (f) | غرفة النوم |
| Esszimmer (n) | ɣurfat il akl (f) | غرفة الأكل |
| Wohnzimmer (n) | ṣālat al istiqbāl (f) | صالة الإستقبال |
| Arbeitszimmer (n) | maktab (m) | مكتب |
| | | |
| Vorzimmer (n) | madxal (m) | مدخل |
| Badezimmer (n) | ḥammām (m) | حمّام |
| Toilette (f) | ḥammām (m) | حمّام |
| | | |
| Decke (f) | saqf (m) | سقف |
| Fußboden (m) | arḍ (f) | أرض |
| Ecke (f) | zāwiya (f) | زاوية |

## 69. Möbel. Innenausstattung

| | | |
|---|---|---|
| Möbel (n) | aθāθ (m) | أثاث |
| Tisch (m) | maktab (m) | مكتب |
| Stuhl (m) | kursiy (m) | كرسيّ |
| Bett (n) | sarīr (m) | سرير |
| Sofa (n) | kanaba (f) | كنبة |
| Sessel (m) | kursiy (m) | كرسيّ |
| | | |
| Bücherschrank (m) | xizānat kutub (f) | خزانة كتب |
| Regal (n) | raff (m) | رفّ |
| | | |
| Schrank (m) | dūlāb (m) | دولاب |
| Hakenleiste (f) | ʃammāʿa (f) | شمّاعة |
| Kleiderständer (m) | ʃammāʿa (f) | شمّاعة |
| | | |
| Kommode (f) | dulāb adrāʒ (m) | دولاب أدراج |
| Couchtisch (m) | ṭāwilat al qahwa (f) | طاولة القهوة |
| | | |
| Spiegel (m) | mir'āt (f) | مرآة |
| Teppich (m) | siʒāda (f) | سجادة |
| Matte (kleiner Teppich) | siʒāda (f) | سجادة |
| | | |
| Kamin (m) | midfa'a ḥā'iṭiyya (f) | مدفأة حائطيّة |
| Kerze (f) | ʃamʿa (f) | شمعة |
| Kerzenleuchter (m) | ʃamʿadān (m) | شمعدان |
| | | |
| Vorhänge (pl) | satā'ir (pl) | ستائر |
| Tapete (f) | waraq ḥīṭān (m) | ورق حيطان |

| Jalousie (f) | haṣīrat ʃubbāk (f) | حصيرة شبّاك |
| Tischlampe (f) | miṣbāḥ aṭ ṭāwila (m) | مصباح الطاولة |
| Leuchte (f) | miṣbāḥ al ḥā'iṭ (f) | مصباح الحائط |
| Stehlampe (f) | miṣbāḥ arḍiy (m) | مصباح أرضيّ |
| Kronleuchter (m) | naʒafa (f) | نجفة |

| Bein (Tischbein usw.) | riʒl (f) | رجل |
| Armlehne (f) | masnad (m) | مسند |
| Lehne (f) | masnad (m) | مسند |
| Schublade (f) | durʒ (m) | درج |

## 70. Bettwäsche

| Bettwäsche (f) | bayāḍāt as sarīr (pl) | بياضات السرير |
| Kissen (n) | wisāda (f) | وسادة |
| Kissenbezug (m) | kīs al wisāda (m) | كيس الوسادة |
| Bettdecke (f) | baṭṭāniyya (f) | بطّانيّة |
| Laken (n) | milāya (f) | ملاية |
| Tagesdecke (f) | ɣiṭā' as sarīr (m) | غطاء السرير |

## 71. Küche

| Küche (f) | maṭbaχ (m) | مطبخ |
| Gas (n) | ɣāz (m) | غاز |
| Gasherd (m) | butuɣāz (m) | بوتوغاز |
| Elektroherd (m) | furn kaharabā'iy (m) | فرن كهربائيّ |
| Backofen (m) | furn (m) | فرن |
| Mikrowellenherd (m) | furn al mikruwayv (m) | فرن الميكروويف |

| Kühlschrank (m) | θallāʒa (f) | ثلاجة |
| Tiefkühltruhe (f) | frīzir (m) | فريزر |
| Geschirrspülmaschine (f) | ɣassāla (f) | غسّالة |

| Fleischwolf (m) | farrāmat laḥm (f) | فرّامة لحم |
| Saftpresse (f) | 'aṣṣāra (f) | عصّارة |
| Toaster (m) | maḥmaṣat χubz (f) | محمصة خبز |
| Mixer (m) | χallāṭ (m) | خلاط |

| Kaffeemaschine (f) | mākinat ṣan' al qahwa (f) | ماكينة صنع القهوة |
| Kaffeekanne (f) | kanaka (f) | كنكة |
| Kaffeemühle (f) | maṭḥanat qahwa (f) | مطحنة قهوة |

| Wasserkessel (m) | barrād (m) | برّاد |
| Teekanne (f) | barrād aʃ ʃāy (m) | برّاد الشاي |
| Deckel (m) | ɣiṭā' (m) | غطاء |
| Teesieb (n) | miṣfāt (f) | مصفاة |

| Löffel (m) | mil'aqa (f) | ملعقة |
| Teelöffel (m) | mil'aqat ʃāy (f) | ملعقة شاي |
| Esslöffel (m) | mil'aqa kabīra (f) | ملعقة كبيرة |
| Gabel (f) | ʃawka (f) | شوكة |
| Messer (n) | sikkīn (m) | سكّين |

| Geschirr (n) | ṣuḥūn (pl) | صحون |
| Teller (m) | ṭabaq (m) | طبق |
| Untertasse (f) | ṭabaq finᴣān (m) | طبق فنجان |

| Schnapsglas (n) | ka's (f) | كأس |
| Glas (n) | kubbāya (f) | كبّاية |
| Tasse (f) | finᴣān (m) | فنجان |

| Zuckerdose (f) | sukkariyya (f) | سكّرية |
| Salzstreuer (m) | mamlaḥa (f) | مملحة |
| Pfefferstreuer (m) | mabhara (f) | مبهرة |
| Butterdose (f) | ṣuḥn zubda (m) | صحن زبدة |

| Kochtopf (m) | kassirūlla (f) | كاسرولة |
| Pfanne (f) | ṭāsa (f) | طاسة |
| Schöpflöffel (m) | miᵧrafa (f) | مغرفة |
| Durchschlag (m) | miṣfāt (f) | مصفاة |
| Tablett (n) | ṣīniyya (f) | صينية |

| Flasche (f) | zuᴣāᴣa (f) | زجاجة |
| Glas (Einmachglas) | barṭamān (m) | برطمان |
| Dose (f) | tanaka (f) | تنكة |

| Flaschenöffner (m) | fattāḥa (f) | فتّاحة |
| Dosenöffner (m) | fattāḥa (f) | فتّاحة |
| Korkenzieher (m) | barrīma (f) | بريمة |
| Filter (n) | filtir (m) | فلتر |
| filtern (vt) | ṣaffa | صفّى |

| Müll (m) | zubāla (f) | زبالة |
| Mülleimer, Treteimer (m) | ṣundūq az zubāla (m) | صندوق الزبالة |

## 72. Bad

| Badezimmer (n) | ḥammām (m) | حمّام |
| Wasser (n) | mā' (m) | ماء |
| Wasserhahn (m) | ḥanafiyya (f) | حنفية |
| Warmwasser (n) | mā' sāᵧin (m) | ماء ساخن |
| Kaltwasser (n) | mā' bārid (m) | ماء بارد |

| Zahnpasta (f) | maʿᴣūn asnān (m) | معجون أسنان |
| Zähne putzen | nazẓaf al asnān | نظّف الأسنان |
| Zahnbürste (f) | furʃat asnān (f) | فرشة أسنان |

| sich rasieren | ḥalaq | حلق |
| Rasierschaum (m) | raᵧwa lil ḥilāqa (f) | رغوة للحلاقة |
| Rasierer (m) | mūs ḥilāqa (m) | موس حلاقة |

| waschen (vt) | ᵧasal | غسل |
| sich waschen | istaḥamm | إستحمّ |
| Dusche (f) | dūʃ (m) | دوش |
| sich duschen | aᵧað ad duʃ | أخذ الدش |
| Badewanne (f) | ḥawḍ istiḥmām (m) | حوض استحمام |
| Klosettbecken (n) | mirḥāḍ (m) | مرحاض |

| Waschbecken (n) | ḥawḍ (m) | حوض |
| Seife (f) | ṣābūn (m) | صابون |
| Seifenschale (f) | ṣabbāna (f) | صبّانة |

| Schwamm (m) | līfa (f) | ليفة |
| Shampoo (n) | ʃāmbū (m) | شامبو |
| Handtuch (n) | fūṭa (f) | فوطة |
| Bademantel (m) | θawb ḥammām (m) | ثوب حمّام |

| Wäsche (f) | ɣasīl (m) | غسيل |
| Waschmaschine (f) | ɣassāla (f) | غسّالة |
| waschen (vt) | ɣasal al malābis | غسل الملابس |
| Waschpulver (n) | masḥūq ɣasīl (m) | مسحوق غسيل |

## 73. Haushaltsgeräte

| Fernseher (m) | tilivizyūn (m) | تليفزيون |
| Tonbandgerät (n) | ʒihāz tasʒīl (m) | جهاز تسجيل |
| Videorekorder (m) | ʒihāz tasʒīl vidiyu (m) | جهاز تسجيل فيديو |
| Empfänger (m) | ʒihāz radiyu (m) | جهاز راديو |
| Player (m) | blayir (m) | بلاير |

| Videoprojektor (m) | ʿāriḍ vidiyu (m) | عارض فيديو |
| Heimkino (n) | sinima manziliyya (f) | سينما منزليّة |
| DVD-Player (m) | di vi di (m) | دي في دي |
| Verstärker (m) | mukabbir aṣ ṣawt (m) | مكبّر الصوت |
| Spielkonsole (f) | ʾatāri (m) | أتاري |

| Videokamera (f) | kamira vidiyu (f) | كاميرا فيديو |
| Kamera (f) | kamira (f) | كاميرا |
| Digitalkamera (f) | kamira diʒital (f) | كاميرا ديجيتال |

| Staubsauger (m) | miknasa kahrabāʾiyya (f) | مكنسة كهربائيّة |
| Bügeleisen (n) | makwāt (f) | مكواة |
| Bügelbrett (n) | lawḥat kayy (f) | لوحة كيّ |

| Telefon (n) | hātif (m) | هاتف |
| Mobiltelefon (n) | hātif maḥmūl (m) | هاتف محمول |
| Schreibmaschine (f) | ʾāla katiba (f) | آلة كاتبة |
| Nähmaschine (f) | ʾālat al xiyāṭa (f) | آلة الخياطة |

| Mikrophon (n) | mikrufūn (m) | ميكروفون |
| Kopfhörer (m) | sammāʿāt raʾsiya (pl) | سمّاعات رأسيّة |
| Fernbedienung (f) | rimuwt kuntrūl (m) | ريموت كنترول |

| CD (f) | si di (m) | سي دي |
| Kassette (f) | ʃarīṭ (m) | شريط |
| Schallplatte (f) | usṭuwāna (f) | أسطوانة |

# DIE ERDE. WETTER

## 74. Weltall

| | | |
|---|---|---|
| Kosmos (m) | faḍā' (m) | فضاء |
| kosmisch, Raum- | faḍā'iy | فضائيّ |
| Weltraum (m) | faḍā' (m) | فضاء |
| All (n) | 'ālam (m) | عالم |
| Universum (n) | al kawn (m) | الكون |
| Galaxie (f) | al maȝarra (f) | المجرّة |

| | | |
|---|---|---|
| Stern (m) | naȝm (m) | نجم |
| Gestirn (n) | burȝ (m) | برج |
| Planet (m) | kawkab (m) | كوكب |
| Satellit (m) | qamar ṣinā'iy (m) | قمر صناعيّ |

| | | |
|---|---|---|
| Meteorit (m) | ḥaȝar nayzakiy (m) | حجر نيزكيّ |
| Komet (m) | muðannab (m) | مذنّب |
| Asteroid (m) | kuwaykib (m) | كويكب |

| | | |
|---|---|---|
| Umlaufbahn (f) | madār (m) | مدار |
| sich drehen | dār | دار |
| Atmosphäre (f) | al ɣilāf al ȝawwiy (m) | الغلاف الجوّيّ |

| | | |
|---|---|---|
| Sonne (f) | aʃ ʃams (f) | الشمس |
| Sonnensystem (n) | al maȝmū'a aʃ ʃamsiyya (f) | المجموعة الشمسيّة |
| Sonnenfinsternis (f) | kusūf aʃ ʃams (m) | كسوف الشمس |

| | | |
|---|---|---|
| Erde (f) | al arḍ (f) | الأرض |
| Mond (m) | al qamar (m) | القمر |

| | | |
|---|---|---|
| Mars (m) | al mirrīχ (m) | المرّيخ |
| Venus (f) | az zahra (f) | الزهرة |
| Jupiter (m) | al muʃtari (m) | المشتري |
| Saturn (m) | zuḥal (m) | زحل |

| | | |
|---|---|---|
| Merkur (m) | 'aṭārid (m) | عطارد |
| Uran (m) | urānus (m) | اورانوس |
| Neptun (m) | nibtūn (m) | نبتون |
| Pluto (m) | blūtu (m) | بلوتو |

| | | |
|---|---|---|
| Milchstraße (f) | darb at tabbāna (m) | درب التبّانة |
| Der Große Bär | ad dubb al akbar (m) | الدبّ الأكبر |
| Polarstern (m) | naȝm al 'quṭb (m) | نجم القطب |

| | | |
|---|---|---|
| Marsbewohner (m) | sākin al mirrīχ (m) | ساكن المرّيخ |
| Außerirdischer (m) | faḍā'iy (m) | فضائيّ |
| außerirdisches Wesen (n) | faḍā'iy (m) | فضائيّ |
| fliegende Untertasse (f) | ṭabaq ṭā'ir (m) | طبق طائر |
| Raumschiff (n) | markaba faḍā'iyya (f) | مركبة فضائيّة |

| Deutsch | Transkription | العربية |
|---|---|---|
| Raumstation (f) | maḥaṭṭat faḍā' (f) | محطّة فضاء |
| Raketenstart (m) | intilāq (m) | إنطلاق |
| Triebwerk (n) | mutūr (m) | موتور |
| Düse (f) | manfaθ (m) | منفث |
| Treibstoff (m) | wuqūd (m) | وقود |
| | | |
| Kabine (f) | kabīna (f) | كابينة |
| Antenne (f) | hawā'iy (m) | هوائيّ |
| Bullauge (n) | kuwwa mustadīra (f) | كوّة مستديرة |
| Sonnenbatterie (f) | lawḥ ʃamsiy (m) | لوح شمسيّ |
| Raumanzug (m) | baðlat al faḍā' (f) | بذلة الفضاء |
| | | |
| Schwerelosigkeit (f) | in'idām al wazn (m) | إنعدام الوزن |
| Sauerstoff (m) | uksiʒīn (m) | أكسجين |
| Ankopplung (f) | rasw (m) | رسو |
| koppeln (vi) | rasa | رسا |
| | | |
| Observatorium (n) | marṣad (m) | مرصد |
| Teleskop (n) | tiliskūp (m) | تلسكوب |
| beobachten (vt) | rāqab | راقب |
| erforschen (vt) | istakʃaf | إستكشف |

## 75. Die Erde

| Deutsch | Transkription | العربية |
|---|---|---|
| Erde (f) | al arḍ (f) | الأرض |
| Erdkugel (f) | al kura al arḍiyya (f) | الكرة الأرضيّة |
| Planet (m) | kawkab (m) | كوكب |
| | | |
| Atmosphäre (f) | al ɣilāf al ʒawwiy (m) | الغلاف الجوّيّ |
| Geographie (f) | ʒuɣrāfiya (f) | جغرافيا |
| Natur (f) | ṭabīʿa (f) | طبيعة |
| | | |
| Globus (m) | namūðaʒ lil kura al arḍiyya (m) | نموذج للكرة الأرضيّة |
| Landkarte (f) | xarīṭa (f) | خريطة |
| Atlas (m) | aṭlas (m) | أطلس |
| | | |
| Europa (n) | urūbba (f) | أوروبّا |
| Asien (n) | 'āsiya (f) | آسيا |
| Afrika (n) | afrīqiya (f) | أفريقيا |
| Australien (n) | usturāliya (f) | أستراليا |
| | | |
| Amerika (n) | amrīka (f) | أمريكا |
| Nordamerika (n) | amrīka aʃ ʃimāliyya (f) | أمريكا الشماليّة |
| Südamerika (n) | amrīka al ʒanūbiyya (f) | أمريكا الجنوبيّة |
| | | |
| Antarktis (f) | al quṭb al ʒanūbiy (m) | القطب الجنوبيّ |
| Arktis (f) | al quṭb aʃ ʃimāliy (m) | القطب الشماليّ |

## 76. Himmelsrichtungen

| Deutsch | Transkription | العربية |
|---|---|---|
| Norden (m) | ʃimāl (m) | شمال |
| nach Norden | ilaʃ ʃimāl | إلى الشمال |

| im Norden | fiʃ ʃimāl | في الشمال |
| nördlich | ʃimāliy | شماليّ |

| Süden (m) | ʒanūb (m) | جنوب |
| nach Süden | ilal ʒanūb | إلى الجنوب |
| im Süden | fil ʒanūb | في الجنوب |
| südlich | ʒanūbiy | جنوبيّ |

| Westen (m) | ɣarb (m) | غرب |
| nach Westen | ilal ɣarb | إلى الغرب |
| im Westen | fil ɣarb | في الغرب |
| westlich, West- | ɣarbiy | غربيّ |

| Osten (m) | ʃarq (m) | شرق |
| nach Osten | ilaʃ ʃarq | إلى الشرق |
| im Osten | fiʃ ʃarq | في الشرق |
| östlich | ʃarqiy | شرقيّ |

## 77. Meer. Ozean

| Meer (n), See (f) | baḥr (m) | بحر |
| Ozean (m) | muḥīṭ (m) | محيط |
| Golf (m) | xalīʒ (m) | خليج |
| Meerenge (f) | maḍīq (m) | مضيق |

| Festland (n) | barr (m) | برّ |
| Kontinent (m) | qārra (f) | قارّة |
| Insel (f) | ʒazīra (f) | جزيرة |
| Halbinsel (f) | ʃibh ʒazīra (f) | شبه جزيرة |
| Archipel (m) | maʒmū'at ʒuzur (f) | مجموعة جزر |

| Bucht (f) | xalīʒ (m) | خليج |
| Hafen (m) | mīnā' (m) | ميناء |
| Lagune (f) | buḥayra ʃāṭi'a (f) | بحيرة شاطئة |
| Kap (n) | ra's (m) | رأس |

| Atoll (n) | ʒazīra marʒāniyya istiwā'iyya (f) | جزيرة مرجانيّة إستوائيّة |
| Riff (n) | ʃi'āb (pl) | شعاب |
| Koralle (f) | murʒān (m) | مرجان |
| Korallenriff (n) | ʃi'āb marʒāniyya (pl) | شعاب مرجانيّة |

| tief (Adj) | 'amīq | عميق |
| Tiefe (f) | 'umq (m) | عمق |
| Abgrund (m) | mahwāt (f) | مهواة |
| Graben (m) | xandaq (m) | خندق |

| Strom (m) | tayyār (m) | تيّار |
| umspülen (vt) | aḥāṭ | أحاط |

| Ufer (n) | sāḥil (m) | ساحل |
| Küste (f) | sāḥil (m) | ساحل |
| Flut (f) | madd (m) | مدّ |
| Ebbe (f) | ʒazr (m) | جزر |

| | | |
|---|---|---|
| Sandbank (f) | miyāh ḍaḥla (f) | مياه ضحلة |
| Boden (m) | qā' (m) | قاع |
| | | |
| Welle (f) | mawʒa (f) | موجة |
| Wellenkamm (m) | qimmat mawʒa (f) | قمّة موجة |
| Schaum (m) | zabad al baḥr (m) | زبد البحر |
| | | |
| Sturm (m) | 'āṣifa (f) | عاصفة |
| Orkan (m) | i'ṣār (m) | إعصار |
| Tsunami (m) | tsunāmi (m) | تسونامي |
| Windstille (f) | hudū' (m) | هدوء |
| ruhig | hādi' | هادئ |
| | | |
| Pol (m) | quṭb (m) | قطب |
| Polar- | quṭby | قطبي |
| | | |
| Breite (f) | 'arḍ (m) | عرض |
| Länge (f) | ṭūl (m) | طول |
| Breitenkreis (m) | mutawāzi (m) | متواز |
| Äquator (m) | xaṭṭ al istiwā' (m) | خط الإستواء |
| | | |
| Himmel (m) | samā' (f) | سماء |
| Horizont (m) | ufuq (m) | أفق |
| Luft (f) | hawā' (m) | هواء |
| | | |
| Leuchtturm (m) | manāra (f) | منارة |
| tauchen (vi) | ɣāṣ | غاص |
| versinken (vi) | ɣariq | غرق |
| Schätze (pl) | kunūz (pl) | كنوز |

## 78. Namen der Meere und Ozeane

| | | |
|---|---|---|
| Atlantischer Ozean (m) | al muḥīṭ al aṭlasiy (m) | المحيط الأطلسيّ |
| Indischer Ozean (m) | al muḥīṭ al hindiy (m) | المحيط الهنديّ |
| Pazifischer Ozean (m) | al muḥīṭ al hādi' (m) | المحيط الهادئ |
| Arktischer Ozean (m) | al muḥīṭ il mutaʒammid aʃ ʃimāliy (m) | المحيط المتجمّد الشماليّ |
| | | |
| Schwarzes Meer (n) | al bahr al aswad (m) | البحر الأسود |
| Rotes Meer (n) | al bahr al aḥmar (m) | البحر الأحمر |
| Gelbes Meer (n) | al bahr al aṣfar (m) | البحر الأصفر |
| Weißes Meer (n) | al bahr al abyaḍ (m) | البحر الأبيض |
| | | |
| Kaspisches Meer (n) | bahr qazwīn (m) | بحر قزوين |
| Totes Meer (n) | al bahr al mayyit (m) | البحر الميّت |
| Mittelmeer (n) | al bahr al abyaḍ al mutawassiṭ (m) | البحر الأبيض المتوسّط |
| | | |
| Ägäisches Meer (n) | bahr 'ʒah (m) | بحر إجة |
| Adriatisches Meer (n) | al bahr al adriyatīkiy (m) | البحر الأدرياتيكيّ |
| | | |
| Arabisches Meer (n) | bahr al 'arab (m) | بحر العرب |
| Japanisches Meer (n) | bahr al yabān (m) | بحر اليابان |
| Beringmeer (n) | bahr birinʒ (m) | بحر بيرينغ |

| Südchinesisches Meer (n) | bahr aṣ ṣīn al ʒanūbiy (m) | بحر الصين الجنوبيّ |
| Korallenmeer (n) | bahr al marʒān (m) | بحر المرجان |
| Tasmansee (f) | bahr tasmān (m) | بحر تسمان |
| Karibisches Meer (n) | al bahr al karībiy (m) | البحر الكاريبيّ |

| Barentssee (f) | bahr barints (m) | بحر بارينس |
| Karasee (f) | bahr kara (m) | بحر كارا |

| Nordsee (f) | bahr aʃ ʃimāl (m) | بحر الشمال |
| Ostsee (f) | al bahr al balṭīq (m) | البحر البلطيق |
| Nordmeer (n) | bahr an narwīʒ (m) | بحر النرويج |

## 79. Berge

| Berg (m) | ʒabal (m) | جبل |
| Gebirgskette (f) | silsilat ʒibāl (f) | سلسلة جبال |
| Bergrücken (m) | qimam ʒabaliyya (pl) | قمم جبليّة |

| Gipfel (m) | qimma (f) | قمّة |
| Spitze (f) | qimma (f) | قمّة |
| Bergfuß (m) | asfal (m) | أسفل |
| Abhang (m) | munhadar (m) | منحدر |

| Vulkan (m) | burkān (m) | بركان |
| tätiger Vulkan (m) | burkān naʃiṭ (m) | بركان نشط |
| schlafender Vulkan (m) | burkān xāmid (m) | بركان خامد |

| Ausbruch (m) | θawrān (m) | ثوران |
| Krater (m) | fūhat al burkān (f) | فوهة البركان |
| Magma (n) | māɣma (f) | ماغما |
| Lava (f) | humam burkāniyya (pl) | حمم بركانيّة |
| glühend heiß (-e Lava) | munṣahira | منصهرة |

| Cañon (m) | talʿa (m) | تلعة |
| Schlucht (f) | wādi ḍayyiq (m) | واد ضيّق |
| Spalte (f) | ʃaqq (m) | شقّ |
| Abgrund (m) (steiler ~) | hāwiya (f) | هاوية |

| Gebirgspass (m) | mamarr ʒabaliy (m) | ممرّ جبليّ |
| Plateau (n) | haḍba (f) | هضبة |
| Fels (m) | ʒurf (m) | جرف |
| Hügel (m) | tall (m) | تلّ |

| Gletscher (m) | nahr ʒalīdiy (m) | نهر جليديّ |
| Wasserfall (m) | ʃallāl (m) | شلّال |
| Geiser (m) | fawwāra hārra (m) | فوّارة حارّة |
| See (m) | buhayra (f) | بحيرة |

| Ebene (f) | sahl (m) | سهل |
| Landschaft (f) | manẓar ṭabīʿiy (m) | منظر طبيعيّ |
| Echo (n) | ṣada (m) | صدى |

| Bergsteiger (m) | mutasalliq al ʒibāl (m) | متسلّق الجبال |
| Kletterer (m) | mutasalliq ṣuxūr (m) | متسلّق صخور |

| bezwingen (vt) | taɣallab 'ala | تغلب على |
| Aufstieg (m) | tasalluq (m) | تسلق |

## 80. Namen der Berge

| Alpen (pl) | ʒibāl al alb (pl) | جبال الألب |
| Montblanc (m) | mūn blūn (m) | مون بلون |
| Pyrenäen (pl) | ʒibāl al barānis (pl) | جبال البرانس |

| Karpaten (pl) | ʒibāl al karbāt (pl) | جبال الكاربات |
| Uralgebirge (n) | ʒibāl al ’ūrāl (pl) | جبال الأورال |
| Kaukasus (m) | ʒibāl al qawqāz (pl) | جبال القوقاز |
| Elbrus (m) | ʒabal ilbrūs (m) | جبل إلبروس |

| Altai (m) | ʒibāl altāy (pl) | جبال ألتاي |
| Tian Shan (m) | ʒibāl tian ʃan (pl) | جبال تيان شان |
| Pamir (m) | ʒibāl bamīr (pl) | جبال بامير |
| Himalaja (m) | himalāya (pl) | هيمالايا |
| Everest (m) | ʒabal ivirist (m) | جبل افرست |

| Anden (pl) | ʒibāl al andīz (pl) | جبال الأنديز |
| Kilimandscharo (m) | ʒabal kilimanʒāru (m) | جبل كليمنجارو |

## 81. Flüsse

| Fluss (m) | nahr (m) | نهر |
| Quelle (f) | 'ayn (m) | عين |
| Flussbett (n) | maʒra an nahr (m) | مجرى النهر |
| Stromgebiet (n) | ḥawḍ (m) | حوض |
| einmünden in ... | ṣabb fi ... | صب في... |

| Nebenfluss (m) | rāfid (m) | رافد |
| Ufer (n) | ḍiffa (f) | ضفة |

| Strom (m) | tayyār (m) | تيّار |
| stromabwärts | f ittiʒāh maʒra an nahr | في إتجاه مجرى النهر |
| stromaufwärts | ḍidd at tayyār | ضد التيّار |

| Überschwemmung (f) | ɣamr (m) | غمر |
| Hochwasser (n) | fayaḍān (m) | فيضان |
| aus den Ufern treten | fāḍ | فاض |
| überfluten (vt) | ɣamar | غمر |

| Sandbank (f) | miyāh ḍaḥla (f) | مياه ضحلة |
| Stromschnelle (f) | munḥadar an nahr (m) | منحدر النهر |

| Damm (m) | sadd (m) | سدّ |
| Kanal (m) | qanāt (f) | قناة |
| Stausee (m) | xazzān mā'iy (m) | خزّان مائيّ |
| Schleuse (f) | hawīs (m) | هويس |
| Gewässer (n) | mastaḥ mā'iy (m) | مسطح مائيّ |
| Sumpf (m), Moor (n) | mustanqa' (m) | مستنقع |

| Marsch (f) | mustanqa' (m) | مستنقع |
| Strudel (m) | dawwāma (f) | دوّامة |

| Bach (m) | ʒadwal mā'iy (m) | جدول مائيّ |
| Trink- (z.B. Trinkwasser) | aʃʃurb | الشرب |
| Süß- (Wasser) | 'aðb | عذب |

| Eis (n) | ʒalīd (m) | جليد |
| zufrieren (vi) | taʒammad | تجمّد |

## 82. Namen der Flüsse

| Seine (f) | nahr as sīn (m) | نهر السين |
| Loire (f) | nahr al lua:r (m) | نهر اللوار |

| Themse (f) | nahr at tīmz (m) | نهر التيمز |
| Rhein (m) | nahr ar rayn (m) | نهر الراين |
| Donau (f) | nahr ad danūb (m) | نهر الدانوب |

| Wolga (f) | nahr al vulɣa (m) | نهر الفولغا |
| Don (m) | nahr ad dūn (m) | نهر الدون |
| Lena (f) | nahr līna (m) | نهر لينا |

| Gelber Fluss (m) | an nahr al aṣfar (m) | النهر الأصفر |
| Jangtse (m) | nahr al yanɣtsi (m) | نهر اليانغتسي |
| Mekong (m) | nahr al mikunɣ (m) | نهر الميكونغ |
| Ganges (m) | nahr al ɣānʒ (m) | نهر الغانج |

| Nil (m) | nahr an nīl (m) | نهر النيل |
| Kongo (m) | nahr al kunɣu (m) | نهر الكونغو |
| Okavango (m) | nahr ukavanʒu (m) | نهر اوكافانجو |
| Sambesi (m) | nahr az zambizi (m) | نهر الزمبيزي |
| Limpopo (m) | nahr limbubu (m) | نهر ليمبوبو |
| Mississippi (m) | nahr al mississibbi (m) | نهر الميسيسيبي |

## 83. Wald

| Wald (m) | ɣāba (f) | غابة |
| Wald- | ɣāba | غابة |

| Dickicht (n) | ɣāba kaθīfa (f) | غابة كثيفة |
| Gehölz (n) | ɣāba ṣaɣīra (f) | غابة صغيرة |
| Lichtung (f) | minṭaqa uzīlat minha al aʃʒār (f) | منطقة أزيلت منها الأشجار |

| Dickicht (n) | aʒama (f) | أجمة |
| Gebüsch (n) | ʃuʒayrāt (pl) | شجيرات |

| Fußweg (m) | mamarr (m) | ممرّ |
| Erosionsrinne (f) | wādi ḍayyiq (m) | واد ضيّق |
| Baum (m) | ʃaʒara (f) | شجرة |
| Blatt (n) | waraqa (f) | ورقة |

| Laub (n) | waraq (m) | ورق |
| Laubfall (m) | tasāquṭ al awrāq (m) | تساقط الأوراق |
| fallen (Blätter) | saqaṭ | سقط |
| Wipfel (m) | ra's (m) | رأس |

| Zweig (m) | ɣuṣn (m) | غصن |
| Ast (m) | ɣuṣn (m) | غصن |
| Knospe (f) | bur'um (m) | برعم |
| Nadel (f) | ʃawka (f) | شوكة |
| Zapfen (m) | kūz aṣ ṣanawbar (m) | كوز الصنوبر |

| Höhlung (f) | ʒawf (m) | جوف |
| Nest (n) | 'uʃʃ (m) | عشّ |
| Höhle (f) | ʒuḥr (m) | جحر |

| Stamm (m) | ʒiðʿ (m) | جذع |
| Wurzel (f) | ʒiðr (m) | جذر |
| Rinde (f) | liḥā' (m) | لحاء |
| Moos (n) | ṭuḥlub (m) | طحلب |

| entwurzeln (vt) | iqtalaʿ | إقتلع |
| fällen (vt) | qaṭaʿ | قطع |
| abholzen (vt) | azāl al ɣābāt | أزال الغابات |
| Baumstumpf (m) | ʒiðʿ aʃ ʃaʒara (m) | جذع الشجرة |

| Lagerfeuer (n) | nār muxayyam (m) | نار مخيّم |
| Waldbrand (m) | ḥarīq ɣāba (m) | حريق غابة |
| löschen (vt) | aṭfa' | أطفأ |

| Förster (m) | ḥāris al ɣāba (m) | حارس الغابة |
| Schutz (m) | ḥimāya (f) | حماية |
| beschützen (vt) | ḥama | حمى |
| Wilddieb (m) | sāriq aṣ ṣayd (m) | سارق الصيد |
| Falle (f) | maṣyada (f) | مصيدة |

| sammeln, pflücken (vt) | ʒamaʿ | جمع |
| sich verirren | tāh | تاه |

## 84. natürliche Lebensgrundlagen

| Naturressourcen (pl) | θarawāt ṭabīʿiyya (pl) | ثروات طبيعيّة |
| Bodenschätze (pl) | ma'ādin (pl) | معادن |
| Vorkommen (n) | makāmin (pl) | مكامن |
| Feld (Ölfeld usw.) | ḥaql (m) | حقل |

| gewinnen (vt) | istaxraʒ | إستخرج |
| Gewinnung (f) | istixrāʒ (m) | إستخراج |
| Erz (n) | xām (m) | خام |
| Bergwerk (n) | manʒam (m) | منجم |
| Schacht (m) | manʒam (m) | منجم |
| Bergarbeiter (m) | 'āmil manʒam (m) | عامل منجم |

| Erdgas (n) | ɣāz (m) | غاز |
| Gasleitung (f) | xaṭṭ anābīb ɣāz (m) | خط أنابيب غاز |

| | | |
|---|---|---|
| Erdöl (n) | naft (m) | نفط |
| Erdölleitung (f) | anābīb an naft (pl) | أنابيب النفط |
| Ölquelle (f) | bi'r an naft (m) | بئر النفط |
| Bohrturm (m) | ḥaffāra (f) | حفّارة |
| Tanker (m) | nāqilat an naft (f) | ناقلة النفط |
| | | |
| Sand (m) | raml (m) | رمل |
| Kalkstein (m) | ḥaʒar kalsiy (m) | حجر كلسيّ |
| Kies (m) | ḥaṣa (m) | حصى |
| Torf (m) | χaθθ faḥm nabātiy (m) | خثّ فحم نباتيّ |
| Ton (m) | ṭīn (m) | طين |
| Kohle (f) | faḥm (m) | فحم |
| | | |
| Eisen (n) | ḥadīd (m) | حديد |
| Gold (n) | ðahab (m) | ذهب |
| Silber (n) | fiḍḍa (f) | فضّة |
| Nickel (n) | nikil (m) | نيكل |
| Kupfer (n) | nuḥās (m) | نحاس |
| | | |
| Zink (n) | zink (m) | زنك |
| Mangan (n) | manɣanīz (m) | منغنيز |
| Quecksilber (n) | zi'baq (m) | زئبق |
| Blei (n) | ruṣāṣ (m) | رصاص |
| | | |
| Mineral (n) | maʿdan (m) | معدن |
| Kristall (m) | ballūra (f) | بلّورة |
| Marmor (m) | ruχām (m) | رخام |
| Uran (n) | yurānuim (m) | يورانيوم |

## 85. Wetter

| | | |
|---|---|---|
| Wetter (n) | ṭaqs (m) | طقس |
| Wetterbericht (m) | naʃra ʒawwiyya (f) | نشرة جوّية |
| Temperatur (f) | ḥarāra (f) | حرارة |
| Thermometer (n) | tirmūmitr (m) | ترمومتر |
| Barometer (n) | barūmitr (m) | بارومتر |
| | | |
| feucht | raṭib | رطب |
| Feuchtigkeit (f) | ruṭūba (f) | رطوبة |
| Hitze (f) | ḥarāra (f) | حرارة |
| glutheiß | ḥārr | حارّ |
| ist heiß | al ʒaww ḥārr | الجوّ حارّ |
| | | |
| ist warm | al ʒaww dāfi' | الجوّ دافئ |
| warm (Adj) | dāfi' | دافئ |
| | | |
| ist kalt | al ʒaww bārid | الجوّ بارد |
| kalt (Adj) | bārid | بارد |
| | | |
| Sonne (f) | ʃams (f) | شمس |
| scheinen (vi) | aḍā' | أضاء |
| sonnig (Adj) | muʃmis | مشمس |
| aufgehen (vi) | ʃaraq | شرق |
| untergehen (vi) | ɣarab | غرب |

| Wolke (f) | saḥāba (f) | سحابة |
| bewölkt, wolkig | ɣā'im | غائم |
| Regenwolke (f) | saḥābat maṭar (f) | سحابة مطر |
| trüb (-er Tag) | ɣā'im | غائم |

| Regen (m) | maṭar (m) | مطر |
| Es regnet | innaha tamṭur | إنها تمطر |
| regnerisch (-er Tag) | mumṭir | ممطر |
| nieseln (vi) | raðð | رذ |

| strömender Regen (m) | maṭar munhamir (f) | مطر منهمر |
| Regenschauer (m) | maṭar ɣazīr (m) | مطر غزير |
| stark (-er Regen) | ʃadīd | شديد |
| Pfütze (f) | birka (f) | بركة |
| nass werden (vi) | ibtall | إبتل |

| Nebel (m) | ḍabāb (m) | ضباب |
| neblig (-er Tag) | muḍabbab | مضبب |
| Schnee (m) | θalȝ (m) | ثلج |
| Es schneit | innaha taθluȝ | إنها تثلج |

## 86. Unwetter Naturkatastrophen

| Gewitter (n) | 'āṣifa ra'diyya (f) | عاصفة رعدية |
| Blitz (m) | barq (m) | برق |
| blitzen (vi) | baraq | برق |

| Donner (m) | ra'd (m) | رعد |
| donnern (vi) | ra'ad | رعد |
| Es donnert | tar'ad as samā' | ترعد السماء |

| Hagel (m) | maṭar bard (m) | مطر برد |
| Es hagelt | tamṭur as samā' bardan | تمطر السماء بردًا |

| überfluten (vt) | ɣamar | غمر |
| Überschwemmung (f) | fayaḍān (m) | فيضان |

| Erdbeben (n) | zilzāl (m) | زلزال |
| Erschütterung (f) | hazza arḍiyya (f) | هزة أرضية |
| Epizentrum (n) | markaz az zilzāl (m) | مركز الزلزال |

| Ausbruch (m) | θawrān (m) | ثوران |
| Lava (f) | ḥumam burkāniyya (pl) | حمم بركانية |

| Wirbelsturm (m), Tornado (m) | i'ṣār (m) | إعصار |
| Taifun (m) | ṭūfān (m) | طوفان |

| Orkan (m) | i'ṣār (m) | إعصار |
| Sturm (m) | 'āṣifa (f) | عاصفة |
| Tsunami (m) | tsunāmi (m) | تسونامي |

| Zyklon (m) | i'ṣār (m) | إعصار |
| Unwetter (n) | ṭaqs sayyi' (m) | طقس سيء |
| Brand (m) | ḥarīq (m) | حريق |

| Katastrophe (f) | kāriθa (f) | كارثة |
| Meteorit (m) | ḥaȝar nayzakiy (m) | حجر نيزكيّ |

| Lawine (f) | inhiyār θalȝiy (m) | إنهيار ثلجيّ |
| Schneelawine (f) | inhiyār θalȝiy (m) | إنهيار ثلجيّ |
| Schneegestöber (n) | 'āṣifa θalȝiyya (f) | عاصفة ثلجيّة |
| Schneesturm (m) | 'āṣifa θalȝiyya (f) | عاصفة ثلجيّة |

# FAUNA

## 87. Säugetiere. Raubtiere

| Raubtier (n) | ḥayawān muftaris (m) | حيوان مفترس |
| Tiger (m) | namir (m) | نمر |
| Löwe (m) | asad (m) | أسد |
| Wolf (m) | ði'b (m) | ذئب |
| Fuchs (m) | θa'lab (m) | ثعلب |

| Jaguar (m) | namir amrīkiy (m) | نمر أمريكيّ |
| Leopard (m) | fahd (m) | فهد |
| Gepard (m) | namir ṣayyād (m) | نمر صيّاد |

| Panther (m) | namir aswad (m) | نمر أسود |
| Puma (m) | būma (m) | بوما |
| Schneeleopard (m) | namir aθ θulūʒ (m) | نمر الثلوج |
| Luchs (m) | waʃaq (m) | وشق |

| Kojote (m) | qayūṭ (m) | قيوط |
| Schakal (m) | ibn 'āwa (m) | ابن آوى |
| Hyäne (f) | ḍabu' (m) | ضبع |

## 88. Tiere in freier Wildbahn

| Tier (n) | ḥayawān (m) | حيوان |
| Bestie (f) | ḥayawān (m) | حيوان |

| Eichhörnchen (n) | sinʒāb (m) | سنجاب |
| Igel (m) | qumfuð (m) | قنفذ |
| Hase (m) | arnab barriy (m) | أرنب برّيّ |
| Kaninchen (n) | arnab (m) | أرنب |

| Dachs (m) | ɣarīr (m) | غرير |
| Waschbär (m) | rākūn (m) | راكون |
| Hamster (m) | qidād (m) | قداد |
| Murmeltier (n) | marmuṭ (m) | مرموط |

| Maulwurf (m) | xuld (m) | خلد |
| Maus (f) | fa'r (m) | فأر |
| Ratte (f) | ʒurað (m) | جرذ |
| Fledermaus (f) | xuffāʃ (m) | خفّاش |

| Hermelin (n) | qāqum (m) | قاقم |
| Zobel (m) | sammūr (m) | سمّور |
| Marder (m) | dalaq (m) | دلق |
| Wiesel (n) | ibn 'irs (m) | إبن عرس |
| Nerz (m) | mink (m) | منك |

| | | |
|---|---|---|
| Biber (m) | qundus (m) | قندس |
| Fischotter (m) | quḍā'a (f) | قضاعة |
| | | |
| Pferd (n) | ḥiṣān (m) | حصان |
| Elch (m) | mūz (m) | موظ |
| Hirsch (m) | ayyil (m) | أيّل |
| Kamel (n) | ʒamal (m) | جمل |
| | | |
| Bison (m) | bisūn (m) | بيسون |
| Wisent (m) | θawr barriy (m) | ثور بريّ |
| Büffel (m) | ʒāmūs (m) | جاموس |
| | | |
| Zebra (n) | ḥimār zarad (m) | حمار زرد |
| Antilope (f) | ẓabiy (m) | ظبي |
| Reh (n) | yaḥmūr (m) | يحمور |
| Damhirsch (m) | ayyil asmar urubbiy (m) | أيّل أسمر أوروبيّ |
| Gämse (f) | ʃamwāh (f) | شامواه |
| Wildschwein (n) | χinzīr barriy (m) | خنزير بريّ |
| | | |
| Wal (m) | ḥūt (m) | حوت |
| Seehund (m) | fuqma (f) | فقمة |
| Walroß (n) | faẓẓ (m) | فظ |
| Seebär (m) | fuqmat al firā' (f) | فقمة الفراء |
| Delfin (m) | dilfīn (m) | دلفين |
| | | |
| Bär (m) | dubb (m) | دبّ |
| Eisbär (m) | dubb quṭbiy (m) | دبّ قطبيّ |
| Panda (m) | bānda (m) | باندا |
| | | |
| Affe (m) | qird (m) | قرد |
| Schimpanse (m) | ʃimbanzi (m) | شيمبانزي |
| Orang-Utan (m) | urangutān (m) | أورنغوتان |
| Gorilla (m) | ɣurīlla (f) | غوريلا |
| Makak (m) | qird al makāk (m) | قرد المكاك |
| Gibbon (m) | ʒibbūn (m) | جيبون |
| | | |
| Elefant (m) | fīl (m) | فيل |
| Nashorn (n) | χartīt (m) | خرتيت |
| Giraffe (f) | zarāfa (f) | زرافة |
| Flusspferd (n) | faras an nahr (m) | فرس النهر |
| | | |
| Känguru (n) | kanɣar (m) | كنغر |
| Koala (m) | kuala (m) | كوالا |
| | | |
| Manguste (f) | nims (m) | نمس |
| Chinchilla (n) | ʃinʃīla (f) | شنشيلة |
| Stinktier (n) | ẓaribān (m) | ظربان |
| Stachelschwein (n) | nīṣ (m) | نيص |

## 89. Haustiere

| | | |
|---|---|---|
| Katze (f) | qiṭṭa (f) | قطّة |
| Kater (m) | ðakar al qiṭṭ (m) | ذكر القطّ |
| Hund (m) | kalb (m) | كلب |

| | | |
|---|---|---|
| Pferd (n) | ḥiṣān (m) | حصان |
| Hengst (m) | faḥl al xayl (m) | فحل الخيل |
| Stute (f) | unθa al faras (f) | أنثى الفرس |
| | | |
| Kuh (f) | baqara (f) | بقرة |
| Stier (m) | θawr (m) | ثور |
| Ochse (m) | θawr (m) | ثور |
| | | |
| Schaf (n) | xarūf (f) | خروف |
| Widder (m) | kabʃ (m) | كبش |
| Ziege (f) | mā'iz (m) | ماعز |
| Ziegenbock (m) | ðakar al mā'ið (m) | ذكر الماعز |
| | | |
| Esel (m) | ḥimār (m) | حمار |
| Maultier (n) | baɣl (m) | بغل |
| | | |
| Schwein (n) | xinzīr (m) | خنزير |
| Ferkel (n) | xannūṣ (m) | خنوص |
| Kaninchen (n) | arnab (m) | أرنب |
| | | |
| Huhn (n) | daʒāʒa (f) | دجاجة |
| Hahn (m) | dīk (m) | ديك |
| | | |
| Ente (f) | baṭṭa (f) | بطة |
| Enterich (m) | ðakar al baṭṭ (m) | ذكر البط |
| Gans (f) | iwazza (f) | إوزة |
| | | |
| Puter (m) | dīk rūmiy (m) | ديك رومي |
| Pute (f) | daʒāʒ rūmiy (m) | دجاج رومي |
| | | |
| Haustiere (pl) | ḥayawānāt dawāʒin (pl) | حيوانات دواجن |
| zahm | alīf | أليف |
| zähmen (vt) | allaf | ألف |
| züchten (vt) | rabba | ربى |
| | | |
| Farm (f) | mazra'a (f) | مزرعة |
| Geflügel (n) | ṭuyūr dāʒina (pl) | طيور داجنة |
| Vieh (n) | māʃiya (f) | ماشية |
| Herde (f) | qaṭī' (m) | قطيع |
| | | |
| Pferdestall (m) | isṭabl xayl (m) | إسطبل خيل |
| Schweinestall (m) | ḥazīrat al xanāzīr (f) | حظيرة الخنازير |
| Kuhstall (m) | zirībat al baqar (f) | زريبة البقر |
| Kaninchenstall (m) | qunn al arānib (m) | قن الأرانب |
| Hühnerstall (m) | qunn ad daʒāʒ (m) | قن الدجاج |

## 90. Vögel

| | | |
|---|---|---|
| Vogel (m) | ṭā'ir (m) | طائر |
| Taube (f) | ḥamāma (f) | حمامة |
| Spatz (m) | 'uṣfūr (m) | عصفور |
| Meise (f) | qurquf (m) | قرقف |
| Elster (f) | 'aq'aq (m) | عقعق |
| Rabe (m) | ɣurāb aswad (m) | غراب أسود |

| Deutsch | Transkription | العربية |
|---|---|---|
| Krähe (f) | ɣurāb (m) | غراب |
| Dohle (f) | zāɣ (m) | زاغ |
| Saatkrähe (f) | ɣurāb al qayẓ (m) | غراب القيظ |
| | | |
| Ente (f) | baṭṭa (f) | بطة |
| Gans (f) | iwazza (f) | إوزّة |
| Fasan (m) | tadarruʒ (m) | تدرج |
| | | |
| Adler (m) | nasr (m) | نسر |
| Habicht (m) | bāz (m) | باز |
| Falke (m) | ṣaqr (m) | صقر |
| Greif (m) | raχam (m) | رخم |
| Kondor (m) | kundūr (m) | كندور |
| | | |
| Schwan (m) | timma (m) | تمّة |
| Kranich (m) | kurkiy (m) | كركي |
| Storch (m) | laqlaq (m) | لقلق |
| | | |
| Papagei (m) | babaɣā' (m) | ببغاء |
| Kolibri (m) | ṭannān (m) | طنّان |
| Pfau (m) | ṭāwūs (m) | طاووس |
| | | |
| Strauß (m) | naʿāma (f) | نعامة |
| Reiher (m) | balaʃūn (m) | بلشون |
| Flamingo (m) | nuḥām wardiy (m) | نحام وردي |
| Pelikan (m) | baʒaʿa (f) | بجعة |
| | | |
| Nachtigall (f) | bulbul (m) | بلبل |
| Schwalbe (f) | sunūnū (m) | سنونو |
| | | |
| Drossel (f) | sumna (m) | سمنة |
| Singdrossel (f) | summuna muɣarrida (m) | سمنة مغرّدة |
| Amsel (f) | ʃaḥrūr aswad (m) | شحرور أسود |
| | | |
| Segler (m) | samāma (m) | سمامة |
| Lerche (f) | qubbara (f) | قبّرة |
| Wachtel (f) | sammān (m) | سمّان |
| | | |
| Specht (m) | naqqār al χaʃab (m) | نقّار الخشب |
| Kuckuck (m) | waqwāq (m) | وقواق |
| Eule (f) | būma (f) | بومة |
| Uhu (m) | būm urāsiy (m) | بوم أوراسيّ |
| Auerhahn (m) | dīk il χalanʒ (m) | ديك الخلنج |
| Birkhahn (m) | ṭayhūʒ aswad (m) | طيهوج أسود |
| Rebhuhn (n) | ḥaʒal (m) | حجل |
| | | |
| Star (m) | zurzūr (m) | زرزور |
| Kanarienvogel (m) | kanāriy (m) | كناري |
| Haselhuhn (n) | ṭayhūʒ il bunduq (m) | طيهوج البندق |
| | | |
| Buchfink (m) | ʃurʃūr (m) | شرشور |
| Gimpel (m) | diɣnāʃ (m) | دغناش |
| | | |
| Möwe (f) | nawras (m) | نورس |
| Albatros (m) | al qaṭras (m) | القطرس |
| Pinguin (m) | biṭrīq (m) | بطريق |

## 91. Fische. Meerestiere

| | | |
|---|---|---|
| Brachse (f) | abramīs (m) | أبراميس |
| Karpfen (m) | ʃabbūṭ (m) | شبوط |
| Barsch (m) | farχ (m) | فرخ |
| Wels (m) | qarmūṭ (m) | قرموط |
| Hecht (m) | samak al karāki (m) | سمك الكراكي |

| | | |
|---|---|---|
| Lachs (m) | salmūn (m) | سلمون |
| Stör (m) | ḥafʃ (m) | حفش |

| | | |
|---|---|---|
| Hering (m) | rinӡa (f) | رنجة |
| atlantische Lachs (m) | salmūn aṭlasiy (m) | سلمون أطلسيّ |
| Makrele (f) | usqumriy (m) | أسقمريّ |
| Scholle (f) | samak mufalṭaḥ (f) | سمك مفلطح |

| | | |
|---|---|---|
| Zander (m) | samak sandar (m) | سمك سندر |
| Dorsch (m) | qudd (m) | قدّ |
| Tunfisch (m) | tūna (f) | تونة |
| Forelle (f) | salmūn muraqqaṭ (m) | سلمون مرقط |

| | | |
|---|---|---|
| Aal (m) | ḥankalīs (m) | حنكليس |
| Zitterrochen (m) | ra''ād (m) | رعّاد |
| Muräne (f) | murāy (m) | موراي |
| Piranha (m) | birāna (f) | بيرانا |

| | | |
|---|---|---|
| Hai (m) | qirʃ (m) | قرش |
| Delfin (m) | dilfīn (m) | دلفين |
| Wal (m) | ḥūt (m) | حوت |

| | | |
|---|---|---|
| Krabbe (f) | salṭaʿūn (m) | سلطعون |
| Meduse (f) | qindīl al baḥr (m) | قنديل البحر |
| Krake (m) | uχṭubūṭ (m) | أخطبوط |

| | | |
|---|---|---|
| Seestern (m) | naӡmat al baḥr (f) | نجمة البحر |
| Seeigel (m) | qumfuð al baḥr (m) | قنفذ البحر |
| Seepferdchen (n) | ḥiṣān al baḥr (m) | فرس البحر |

| | | |
|---|---|---|
| Auster (f) | maḥār (m) | محار |
| Garnele (f) | ӡambari (m) | جمبريّ |
| Hummer (m) | istakūza (f) | إستكوزا |
| Languste (f) | karkand ʃāik (m) | كركند شائك |

## 92. Amphibien Reptilien

| | | |
|---|---|---|
| Schlange (f) | θuʿbān (m) | ثعبان |
| Gift-, giftig | sāmm | سامّ |

| | | |
|---|---|---|
| Viper (f) | afʿa (f) | أفعى |
| Kobra (f) | kūbra (m) | كوبرا |
| Python (m) | biθūn (m) | بيثون |
| Boa (f) | buwā' (f) | بواء |
| Ringelnatter (f) | θuʿbān al ʿuʃb (m) | ثعبان العشب |

| Klapperschlange (f) | afʿa al ʒalʒala (f) | أفعى الجلجلة |
| Anakonda (f) | anakūnda (f) | أناكوندا |

| Eidechse (f) | siḥliyya (f) | سحليّة |
| Leguan (m) | iɣwāna (f) | إغوانة |
| Waran (m) | waral (m) | ورل |
| Salamander (m) | samandar (m) | سمندر |
| Chamäleon (n) | ḥirbāʾ (f) | حرباء |
| Skorpion (m) | ʿaqrab (m) | عقرب |

| Schildkröte (f) | sulaḥfāt (f) | سلحفاة |
| Frosch (m) | ḍifḍaʿ (m) | ضفدع |
| Kröte (f) | ḍifḍaʿ aṭ ṭīn (m) | ضفدع الطين |
| Krokodil (n) | timsāḥ (m) | تمساح |

## 93. Insekten

| Insekt (n) | ḥaʃara (f) | حشرة |
| Schmetterling (m) | farāʃa (f) | فراشة |
| Ameise (f) | namla (f) | نملة |
| Fliege (f) | ðubāba (f) | ذبابة |
| Mücke (f) | namūsa (f) | ناموسة |
| Käfer (m) | χunfusa (f) | خنفسة |

| Wespe (f) | dabbūr (m) | دبّور |
| Biene (f) | naḥla (f) | نحلة |
| Hummel (f) | naḥla ṭannāna (f) | نحلة طنّانة |
| Bremse (f) | naʿra (f) | نعرة |

| Spinne (f) | ʿankabūt (m) | عنكبوت |
| Spinnennetz (n) | nasīʒ ʿankabūt (m) | نسيج عنكبوت |

| Libelle (f) | yaʿsūb (m) | يعسوب |
| Grashüpfer (m) | ʒarād (m) | جراد |
| Schmetterling (m) | ʿitta (f) | عتّة |

| Schabe (f) | ṣurṣūr (m) | صرصور |
| Zecke (f) | qurāda (f) | قرادة |
| Floh (m) | burɣūθ (m) | برغوث |
| Kriebelmücke (f) | baʿūḍa (f) | بعوضة |

| Heuschrecke (f) | ʒarād (m) | جراد |
| Schnecke (f) | ḥalzūn (m) | حلزون |
| Heimchen (n) | ṣarrār al layl (m) | صرّار الليل |
| Leuchtkäfer (m) | yarāʿa muḍīʾa (f) | يراعة مضيئة |
| Marienkäfer (m) | daʿsūqa (f) | دعسوقة |
| Maikäfer (m) | χunfusa kabīra (f) | خنفسة كبيرة |

| Blutegel (m) | ʿalaqa (f) | علقة |
| Raupe (f) | yasrūʿ (m) | يسروع |
| Wurm (m) | dūda (f) | دودة |
| Larve (f) | yaraqa (f) | يرقة |

# FLORA

## 94. Bäume

| Baum (m) | ʃaʒara (f) | شجرة |
| Laub- | nafḍiyya | نفضيّة |
| Nadel- | ṣanawbariyya | صنوبريّة |
| immergrün | dā'imat al χuḍra | دائمة الخضرة |

| Apfelbaum (m) | ʃaʒarat tuffāḥ (f) | شجرة تفّاح |
| Birnbaum (m) | ʃaʒarat kummaθra (f) | شجرة كمّثرى |
| Kirschbaum (m) | ʃaʒarat karaz (f) | شجرة كرز |
| Pflaumenbaum (m) | ʃaʒarat barqūq (f) | شجرة برقوق |

| Birke (f) | batūla (f) | بتولا |
| Eiche (f) | ballūṭ (f) | بلّوط |
| Linde (f) | ʃaʒarat zayzafūn (f) | شجرة زيزفون |
| Espe (f) | ḥawr raʒrāʒ (m) | حور رجراج |
| Ahorn (m) | qayqab (f) | قيقب |

| Fichte (f) | ratinaʒ (f) | راتينج |
| Kiefer (f) | ṣanawbar (f) | صنوبر |
| Lärche (f) | arziyya (f) | أرزيّة |
| Tanne (f) | tannūb (f) | تنّوب |
| Zeder (f) | arz (f) | أرز |
| Pappel (f) | ḥawr (f) | حور |
| Vogelbeerbaum (m) | ɣubayrā' (f) | غبيراء |
| Weide (f) | ṣafṣāf (f) | صفصاف |
| Erle (f) | ʒār il mā' (m) | جار الماء |

| Buche (f) | zān (m) | زان |
| Ulme (f) | dardār (f) | دردار |
| Esche (f) | marān (f) | مران |
| Kastanie (f) | kastanā' (f) | كستناء |

| Magnolie (f) | maɣnūliya (f) | مغنوليا |
| Palme (f) | naχla (f) | نخلة |
| Zypresse (f) | sarw (f) | سرو |

| Mangrovenbaum (m) | ayka sāḥiliyya (f) | أيكة ساحليّة |
| Baobab (m) | bāubāb (f) | باوباب |
| Eukalyptus (m) | ukaliptus (f) | أوكالبتوس |
| Mammutbaum (m) | siqūya (f) | سيكويا |

## 95. Büsche

| Strauch (m) | ʃuʒayra (f) | شجيرة |
| Gebüsch (n) | ʃuʒayrāt (pl) | شجيرات |

| Weinstock (m) | karma (f) | كَرمة |
| Weinberg (m) | karam (m) | كَرم |

| Himbeerstrauch (m) | tūt al ʻullayq al aḥmar (m) | توت العُلّيق الأحمر |
| rote Johannisbeere (f) | kiʃmiʃ aḥmar (m) | كشمش أحمر |
| Stachelbeerstrauch (m) | ʻinab aθ θaʻlab (m) | عنب الثعلب |

| Akazie (f) | sanṭ (f) | سنط |
| Berberitze (f) | amīr barīs (m) | أمير باريس |
| Jasmin (m) | yāsmīn (m) | ياسمين |

| Wacholder (m) | ʻarʻar (m) | عرعر |
| Rosenstrauch (m) | ʃuʒayrat ward (f) | شجيرة ورد |
| Heckenrose (f) | ward ʒabaliy (m) | ورد جبليّ |

## 96. Obst. Beeren

| Frucht (f) | θamra (f) | ثمرة |
| Früchte (pl) | θamr (m) | ثمر |
| Apfel (m) | tuffāḥa (f) | تفّاحة |

| Birne (f) | kummaθra (f) | كمّثرى |
| Pflaume (f) | barqūq (m) | برقوق |

| Erdbeere (f) | farawla (f) | فراولة |
| Kirsche (f) | karaz (m) | كرز |
| Weintrauben (pl) | ʻinab (m) | عنب |

| Himbeere (f) | tūt al ʻullayq al aḥmar (m) | توت العُلّيق الأحمر |
| schwarze Johannisbeere (f) | ʻinab aθ θaʻlab al aswad (m) | عنب الثعلب الأسود |
| rote Johannisbeere (f) | kiʃmiʃ aḥmar (m) | كشمش أحمر |

| Stachelbeere (f) | ʻinab aθ θaʻlab (m) | عنب الثعلب |
| Moosbeere (f) | tūt aḥmar barriy (m) | توت أحمر برّيّ |

| Apfelsine (f) | burtuqāl (m) | برتقال |
| Mandarine (f) | yūsufiy (m) | يوسفي |
| Ananas (f) | ananās (m) | أناناس |

| Banane (f) | mawz (m) | موز |
| Dattel (f) | tamr (m) | تمر |

| Zitrone (f) | laymūn (m) | ليمون |
| Aprikose (f) | miʃmiʃ (f) | مشمش |
| Pfirsich (m) | durrāq (m) | دراق |

| Kiwi (f) | kiwi (m) | كيوي |
| Grapefruit (f) | zinbāʻ (m) | زنباع |

| Beere (f) | ḥabba (f) | حبّة |
| Beeren (pl) | ḥabbāt (pl) | حبّات |
| Preiselbeere (f) | ʻinab aθ θawr (m) | عنب الثور |
| Walderdbeere (f) | farāwla barriyya (f) | فراولة برّيّة |
| Heidelbeere (f) | ʻinab al aḥrāʒ (m) | عنب الأحراج |

## 97. Blumen. Pflanzen

| Deutsch | Transkription | العربية |
|---|---|---|
| Blume (f) | zahra (f) | زهرة |
| Blumenstrauß (m) | bāqat zuhūr (f) | باقة زهور |
| Rose (f) | warda (f) | وردة |
| Tulpe (f) | tulīb (f) | توليب |
| Nelke (f) | qurumful (m) | قرنفل |
| Gladiole (f) | dalbūθ (f) | دلبوث |
| Kornblume (f) | turunʃāh (m) | ترنشاه |
| Glockenblume (f) | ʒarīs (m) | جريس |
| Löwenzahn (m) | hindibā' (f) | هندباء |
| Kamille (f) | babunʒ (m) | بابونج |
| Aloe (f) | aluwwa (m) | ألوّة |
| Kaktus (m) | ṣabbār (m) | صبّار |
| Gummibaum (m) | tīn (m) | تين |
| Lilie (f) | sawsan (m) | سوسن |
| Geranie (f) | ibrat ar rā'i (f) | إبرة الراعي |
| Hyazinthe (f) | zanbaq (f) | زنبق |
| Mimose (f) | mimūza (f) | ميموزا |
| Narzisse (f) | narʒis (f) | نرجس |
| Kapuzinerkresse (f) | abu χanʒar (f) | أبو خنجر |
| Orchidee (f) | saḥlab (f) | سحلب |
| Pfingstrose (f) | fawniya (f) | فاوانيا |
| Veilchen (n) | banafsaʒ (f) | بنفسج |
| Stiefmütterchen (n) | banafsaʒ muθallaθ (m) | بنفسج مثلّث |
| Vergissmeinnicht (n) | 'āðān al fa'r (pl) | آذان الفأر |
| Gänseblümchen (n) | uqhuwān (f) | أقحوان |
| Mohn (m) | χaʃχāʃ (f) | خشخاش |
| Hanf (m) | qinnab (m) | قنب |
| Minze (f) | na'nā' (m) | نعناع |
| Maiglöckchen (n) | sawsan al wādi (m) | سوسن الوادي |
| Schneeglöckchen (n) | zahrat al laban (f) | زهرة اللبن |
| Brennnessel (f) | qarrāṣ (m) | قرّاص |
| Sauerampfer (m) | ḥammāḍ (m) | حمّاض |
| Seerose (f) | nilūfar (m) | نيلوفر |
| Farn (m) | saraχs (m) | سرخس |
| Flechte (f) | uʃna (f) | أشنة |
| Gewächshaus (n) | dafī'a (f) | دفيئة |
| Rasen (m) | 'uʃb (m) | عشب |
| Blumenbeet (n) | ʒunaynat zuhūr (f) | جنينة زهور |
| Pflanze (f) | nabāt (m) | نبات |
| Gras (n) | 'uʃb (m) | عشب |
| Grashalm (m) | 'uʃba (f) | عشبة |

| Blatt (n) | waraqa (f) | ورقة |
| Blütenblatt (n) | waraqat az zahra (f) | ورقة الزهرة |
| Stiel (m) | sāq (f) | ساق |
| Knolle (f) | darnat nabāt (f) | درنة نبات |
| | | |
| Jungpflanze (f) | nabta saɣīra (f) | نبتة صغيرة |
| Dorn (m) | ʃawka (f) | شوكة |
| | | |
| blühen (vi) | nawwar | نوّر |
| welken (vi) | ðabal | ذبل |
| Geruch (m) | rā'iḥa (f) | رائحة |
| abschneiden (vt) | qaṭaʻ | قطع |
| pflücken (vt) | qaṭaf | قطف |

## 98. Getreide, Körner

| Getreide (n) | ḥubūb (pl) | حبوب |
| Getreidepflanzen (pl) | maḥāṣīl al ḥubūb (pl) | محاصيل الحبوب |
| Ähre (f) | sumbula (f) | سنبلة |
| | | |
| Weizen (m) | qamḥ (m) | قمح |
| Roggen (m) | ʒāwdār (m) | جاودار |
| Hafer (m) | ʃūfān (m) | شوفان |
| Hirse (f) | duχn (m) | دخن |
| Gerste (f) | ʃaʻīr (m) | شعير |
| | | |
| Mais (m) | ðura (f) | ذرة |
| Reis (m) | urz (m) | أرز |
| Buchweizen (m) | ḥinṭa sawdā' (f) | حنطة سوداء |
| | | |
| Erbse (f) | bisilla (f) | بسلة |
| weiße Bohne (f) | faṣūliya (f) | فاصوليا |
| Sojabohne (f) | fūl aṣ ṣūya (m) | فول الصويا |
| Linse (f) | ʻadas (m) | عدس |
| Bohnen (pl) | fūl (m) | فول |

# LÄNDER DER WELT

## 99. Länder. Teil 1

| | | |
|---|---|---|
| Afghanistan | afɣanistān (f) | أفغانستان |
| Ägypten | miṣr (f) | مصر |
| Albanien | albāniya (f) | ألبانيا |
| Argentinien | arʒantīn (f) | الأرجنتين |
| Armenien | armīniya (f) | أرمينيا |
| Aserbaidschan | aðarbiʒān (m) | أذربيجان |
| Australien | usturāliya (f) | أستراليا |
| | | |
| Bangladesch | banʒladīʃ (f) | بنجلاديش |
| Belgien | balʒīka (f) | بلجيكا |
| Bolivien | bulīviya (f) | بوليفيا |
| Bosnien und Herzegowina | al busna wal hirsuk (f) | البوسنة والهرسك |
| Brasilien | al brazīl (f) | البرازيل |
| Bulgarien | bulɣāriya (f) | بلغاريا |
| | | |
| Chile | tʃīli (f) | تشيلي |
| China | aṣ ṣīn (f) | الصين |
| Dänemark | ad danimārk (f) | الدانمارك |
| Deutschland | almāniya (f) | ألمانيا |
| Die Bahamas | ʒuzur bahāmas (pl) | جزر باهاماس |
| Die Vereinigten Staaten | al wilāyāt al muttahida al amrīkiyya (pl) | الولايات المتّحدة الأمريكيّة |
| Dominikanische Republik | ʒumhūriyyat ad duminikan (f) | جمهوريّة الدومينيكان |
| | | |
| Ecuador | al iqwadūr (f) | الإكوادور |
| England | inʒiltirra (f) | إنجلترًا |
| Estland | istūniya (f) | إستونيا |
| Finnland | finlanda (f) | فنلندا |
| Frankreich | faransa (f) | فرنسا |
| Französisch-Polynesien | bulinīziya al faransiyya (f) | بولينزيا الفرنسيّة |
| | | |
| Georgien | ʒūrʒiya (f) | جورجيا |
| Ghana | ɣāna (f) | غانا |
| Griechenland | al yūnān (f) | اليونان |
| | | |
| Großbritannien | briṭāniya al ʿuẓma (f) | بريطانيا العظمى |
| Haiti | haīti (f) | هايتي |
| | | |
| Indien | al hind (f) | الهند |
| Indonesien | indunīsiya (f) | إندونيسيا |
| Irak | al ʿirāq (m) | العراق |
| Iran | īrān (f) | إيران |
| Irland | irlanda (f) | أيرلندا |
| Island | ʾāyslanda (f) | آيسلندا |
| Israel | isrāʾīl (f) | إسرائيل |
| Italien | iṭāliya (f) | إيطاليا |

## 100. Länder. Teil 2

| | | |
|---|---|---|
| Jamaika | ʒamāyka (f) | جامايكا |
| Japan | al yabān (f) | اليابان |
| Jordanien | al urdun (m) | الأردن |
| | | |
| Kambodscha | kambūdya (f) | كمبوديا |
| Kanada | kanada (f) | كندا |
| Kasachstan | kazaχstān (f) | كازاخستان |
| Kenia | kiniya (f) | كينيا |
| Kirgisien | qirχizistān (f) | قيرغيزستان |
| Kolumbien | kulumbiya (f) | كولومبيا |
| Kroatien | kruātiya (f) | كرواتيا |
| Kuba | kūba (f) | كوبا |
| Kuwait | al kuwayt (f) | الكويت |
| | | |
| Laos | lawus (f) | لاوس |
| Lettland | lātviya (f) | لاتفيا |
| Libanon (m) | lubnān (f) | لبنان |
| Libyen | lībiya (f) | ليبيا |
| Liechtenstein | liʃtinʃtāyn (m) | ليشتنشتاين |
| Litauen | litwāniya (f) | ليتوانيا |
| Luxemburg | luksimburχ (f) | لوكسمبورغ |
| | | |
| Madagaskar | madaχaʃqar (f) | مدغشقر |
| Makedonien | maqdūniya (f) | مقدونيا |
| Malaysia | malīziya (f) | ماليزيا |
| Malta | malṭa (f) | مالطا |
| Marokko | al maχrib (m) | المغرب |
| Mexiko | al maksīk (f) | المكسيك |
| Moldawien | muldāviya (f) | مولدافيا |
| Monaco | munāku (f) | موناكو |
| Mongolei (f) | manχūliya (f) | منغوليا |
| Montenegro | al ʒabal al aswad (m) | الجبل الأسود |
| Myanmar | myanmār (f) | ميانمار |
| | | |
| Namibia | namībiya (f) | ناميبيا |
| Nepal | nibāl (f) | نيبال |
| Neuseeland | nyu zilanda (f) | نيوزيلندا |
| Niederlande (f) | hulanda (f) | هولندا |
| Nordkorea | kūria aʃ ʃimāliyya (f) | كوريا الشماليّة |
| Norwegen | an nirwīʒ (f) | النرويج |
| Österreich | an nimsa (f) | النمسا |

## 101. Länder. Teil 3

| | | |
|---|---|---|
| Pakistan | bakistān (f) | باكستان |
| Palästina | filisṭīn (f) | فلسطين |
| Panama | banama (f) | بنما |
| Paraguay | baraχwāy (f) | باراغواي |
| Peru | biru (f) | بيرو |
| Polen | bulanda (f) | بولندا |
| Portugal | al burtuχāl (f) | البرتغال |

| Republik Südafrika | ʒumhūriyyat afrīqiya al ʒanūbiyya (f) | جمهريّة أفريقيا الجنوبيّة |
| Rumänien | rumāniya (f) | رومانيا |
| Russland | rūsiya (f) | روسيا |

| Sansibar | zanʒibār (f) | زنجبار |
| Saudi-Arabien | as saʻūdiyya (f) | السعوديّة |
| Schottland | iskutlanda (f) | اسكتلندا |
| Schweden | as suwayd (f) | السويد |
| Schweiz (f) | swīsra (f) | سويسرا |
| Senegal | as siniɣāl (f) | السنغال |
| Serbien | ṣirbiya (f) | صربيا |
| Slowakei (f) | sluvākiya (f) | سلوفاكيا |
| Slowenien | sluvīniya (f) | سلوفينيا |
| Spanien | isbāniya (f) | إسبانيا |
| Südkorea | kuriya al ʒanūbiyya (f) | كوريا الجنوبيّة |
| Suriname | surinām (f) | سورينام |
| Syrien | sūriya (f) | سوريا |

| Tadschikistan | ṭaʒīkistān (f) | طاجيكستان |
| Taiwan | taywān (f) | تايوان |
| Tansania | tanzāniya (f) | تنزانيا |
| Tasmanien | tasmāniya (f) | تاسمانيا |
| Thailand | taylānd (f) | تايلاند |
| Tschechien | atʃ tʃīk (f) | التشيك |
| Tunesien | tūnis (f) | تونس |
| Türkei (f) | turkiya (f) | تركيا |
| Turkmenistan | turkmānistān (f) | تركمانستان |

| Ukraine (f) | ukrāniya (f) | أوكرانيا |
| Ungarn | al maʒar (f) | المجر |
| Uruguay | uruɣwāy (f) | الأوروغواي |
| Usbekistan | uzbikistān (f) | أوزبكستان |

| Vatikan (m) | al vatikān (m) | الفاتيكان |
| Venezuela | vinizwiyla (f) | فنزويلا |
| Vereinigten Arabischen Emirate | al imārāt al ʻarabiyya al muttaḥida (pl) | الإمارات العربيّة المتّحدة |
| Vietnam | vitnām (f) | فيتنام |
| Weißrussland | bilarūs (f) | بيلاروس |
| Zypern | qubruṣ (f) | قبرص |

www.ingramcontent.com/pod-product-compliance
Lightning Source LLC
Chambersburg PA
CBHW070834050426
42452CB00011B/2267